はじめに

　英語の勉強の中で、私たち日本人が、そして初めて英語を学ぶ皆さんが、一番苦労するのが「リスニング」です。実は私も、最初はringやpearlという、文字で見てしまえば簡単な単語でさえ、ネイティブスピーカーの出す音ではサッパリ理解できなかったという経験の持ち主です。

　私自身は、本格的なリスニングの勉強は大人になってから始めたのですが、子供の頃から学んでいる人達や帰国子女の皆さんのようには英語を聞き取ることができず、英語の勉強自体がイヤになってしまうこともありました。

　そのような英語難民だった私も試行錯誤を繰り返しながら、何とか英語で仕事をしたり、英語で映画やニュースを見たりすることができるようになりました。

　私自身は試行錯誤の過程でたくさんのムダを経験しているのですが、この「ゼロからスタートリスニング」で勉強する皆さんには、徹底的にムダを省いて合理的に、基礎の基礎からリスニングをマスターしてほしいと思っています。英語を「読む」だけでも楽しいですが、聞いてわかると喜びは何倍にも増しますからね。

　リスニングがある程度できる人や語学的センスが優れている人にはこの本は必要ありません。この本は20才の時の私と同様に、英語のリスニングができずに悩んでいる皆さんのために作成しました。「日本人の、日本人による、日本人のための」リスニング学習法を本書を通じて実践することで、ぜひ「英語の耳が開く」という感動を体験してください。

安河内　哲也

CONTENTS

- はじめに ・・・・・・・・・・・・・・・・・・・・・・・・・・・・・・ 3
- レッスンの前に〜ゼロから始めるリスニング学習法 ・・・・・・・・ 6
- 本書の利用法 ・・・・・・・・・・・・・・・・・・・・・・・・・・ 10

安コーチの耳レッスン　基礎編

耳レッスン1	**カタカナ**：カタカナを忘れよう！・・・・・・・・・・ 16
耳レッスン2	**短縮**：短縮された形に強くなろう！・・・・・・・・・ 24
耳レッスン3	**母音**：英語特有の母音を聞き取ろう！・・・・・・・・ 32
耳レッスン4	**子音**：英語特有の子音を聞き取ろう！・・・・・・・・ 40
耳レッスン5	**数字**：数字の聞き取りに強くなろう！・・・・・・・・ 48
聞き分けに挑戦！	CATCH THE DIFFERENCE!① ・・・・・・・・ 56
聞き分けに挑戦！	CATCH THE DIFFERENCE!② ・・・・・・・・ 57
耳レッスン6	**連結**：つながる音を聞き取ろう！・・・・・・・・・・ 58
耳レッスン7	**脱落**：弱く聞こえる部分を見抜こう！・・・・・・・・ 66
耳レッスン8	**口語短縮**：gonnaやwannaを聞き取ろう！・・・・・ 74
耳レッスン9	**変化**：変わる音を聞き取ろう！・・・・・・・・・・・ 82
耳レッスン10	**強勢**：英語の強弱に慣れよう！・・・・・・・・・・ 90
	復習エクササイズ① ・・・・・・・・・・・・・・・・・・ 98
聞き分けに挑戦！	CATCH THE DIFFERENCE!③ ・・・・・・・・108

だれにでもできる英語の耳作りトレーニング

ゼロからスタート リスニング

TOEIC® TEST990点満点取得者
安河内　哲也
Yasukochi　Tetsuya

Jリサーチ出版

もくじ

安コーチの耳レッスン　応用編

耳レッスン11	自己紹介：はじめまして。私は…………110
耳レッスン12	ショッピング：お支払いは？　サイズは？……116
耳レッスン13	道案内：何キロ先でどっちに曲がる？………122
聞き分けに挑戦!	CATCH THE DIFFERENCE!④………………128
聞き分けに挑戦!	CATCH THE DIFFERENCE!⑤………………129
耳レッスン14	天気：曇のち雨時々晴れ!?………………130
耳レッスン15	レストラン：予約されてますか？………136
耳レッスン16	電話：どちらさまでしょうか？…………142
聞き分けに挑戦!	CATCH THE DIFFERENCE!⑥………………148
聞き分けに挑戦!	CATCH THE DIFFERENCE!⑦………………149
耳レッスン17	教室：今日の授業はここまで！…………150
耳レッスン18	ホテル：満室でございます！……………156
耳レッスン19	空港：申告するものはありますか？……162
耳レッスン20	乗り物：そこで乗り換えてください……168
	復習エクササイズ②…………………………174
聞き分けに挑戦!	CATCH THE DIFFERENCE!⑧………………184

発音のまとめ………………………………………185
英語の耳公式まとめ………………………………190

レッスンの前に……

ゼロから始めるリスニング学習法

> 「精聴」こそが
> リスニング学習のポイントだ！

　ここでは初めて英語のリスニングを学ぶ皆さんが、どうすれば日本語の音で固まった耳を、英語の音声が聞き取れるように、ほぐしていけるのかを説明したいと思います。

　私もそうでしたが、耳のトレーニングをまだしていない段階で、英語のニュースの音声などを聞くと、雑音の中にポツリポツリと聞き取れる単語が認識できる感じです。この状態でずっと音声を聞き流していても、リスニング力が向上することは、あまり期待できません。

　リスニングの学習には、常に英語をかけっぱなしにして聞き流す「多聴」と、一つ一つていねいに音と文字を合わせながら勉強する「精聴」がありますが、初心者の皆さんは主に「精聴」を重視して少しずつ勉強を進めるのが得策です。

　もちろん英語のリズムをつかんだり、英語の音声自体への抵抗感をなくすために英語を流しっぱなしにするのはよいことですが、それだけで子供の言語吸収のように大幅にリスニング能力が向上することは、大人の場合まず期待できません。むしろ、少しずつでも英語の音を耳に刷り込むことで、徐々に耳を改造し、「聞こえる音」を増やすことこそがリスニング学習の成功の秘訣なのです。

ディクテーションと音読で耳を改造せよ！

　耳を改造するためには、英文を聞こえなくしている犯人をしっかりと突き止める必要があります。そのための犯人捜索の作業がディクテーションです。まず、CDを聞きながら、聞こえたとおりに英文を書き取ります。スペリングはデタラメで構いません。何度聞いても構いません。不思議なことに、聞こえない音は何度聞いても聞こえないということに気がつくと思います。そこがあなたのリスニングをできなくしている原因なのです。

　さて、次に答えのスクリプトを見て、間違って聞こえていた部分や、聞き取れなかった部分を赤ペンで修正します。そして、赤ペンの部分を目で見て確認しながら、どの部分がどの音に対応するかしっかりと意識して何度もCDを聞きます。発音記号や音のつながりなどを確認した上で、今度はネイティブスピーカーの音声をまねて音読します。日本語の音にムリに当てはめようとせず、思い切ってネイティブスピーカーの音に近づけようと心がけてください。最終的にほぼ同じような音が出るようになれば、それらと類似する音に関しては耳が開き、次回から聞き取れるようになります。そのようにして、聞こえる部分が徐々に増えていくのです。

英語を聞き取るしくみはこれだ！

　昔から、英語学習者の間では、「読んでわからないものは聞こえない」「発音できないものは聞こえない」という大変的を射た言い回しがあります。

　確かに、リスニングは読解と切り離せるものではなく、リスニングと読解は表裏一体の関係にあります。読解は目から入り、リスニングは耳から入るというだけで、原理自体は大きく変わらないのです。ただし、読解の場合は英文全体を見られますから、もう一度読み直すこともできるし、後ろから戻って日本語に訳すというような古風な漢文読みも、場合によっては通用します。しかし、耳で聞く場合は、英文は左から右へと流れながら消えていきますから、「左から右に英語のまま理解する」つまり、直読直解という本来の正しい読み方と同じ作業を、耳を使って行わなければなりません。

　この直読直解をトレーニングする最高の方法が「音読」です。音読しながら、右から左に逆戻りすることはできません。また、音読をしながら英語を日本語に訳すことはできませんから、音読をしながら理解できるということは、英語のまま直接理解していることになるわけです。

発音の勉強はリスニングの勉強だ！

　さて、「発音できない音は聞こえない」という言い回しにあるとおり、発音と聴覚は密接に関係しています。「モーター理論」と呼ばれる有名な学説によれば、発声器官と聴覚器官は連動しており、自ら区別して発話できる音を何度も耳からフィードすることによって、耳で聞いても認識できるようになるそうです。

　何よりも私は、自ら身をもってその過程を体験したため、そのとおりだと断言できます。私のリスニング能力も各種資格試験のリスニング成績も、発音の上達度に比例して向上しています。

　それではどのようにすれば、英語の発音をマスターすることができるのでしょうか？　実は、臨界期（15才～18才）と呼ばれる年齢を過ぎた後には外国語の発音を「自然に」習得することはできないというのが、おおかたの語学教育専門家の常識です。

　そのような大人の学習者にとって、非常に重宝するのが「発音記号」です。発音記号を使えば、日本語の五十音に当てはまらない英語の発音を、しっかりと分類して短期間で習得することができます。また、発音記号に合わせて舌と歯と唇の位置を矯正していけば、しっかりと正しい音を作ることができるようになります。

「自然に」を期待するのではなく、
大人になってからの英語学習は
「不自然なもの」だと割り切った瞬間から、
あなたの**サクセスストーリー**は
始まるのです！

本書の利用法

本書は、英語リスニングを基礎から学習するために作成された1冊です。レッスン1～10は基礎編（各レッスン8ページ構成）、英語の"音"に関する特徴を10項目にまとめました。レッスン11～20は応用編（各レッスン6ページ構成）。10のシチュエーションを想定し、そこで多用される単語や表現を使って実践的な学習をします。

◆ 講 義（基礎編のみ）

英語の"音"に関する特徴を10項目に分けた、安河内先生の講義。これを抄録したものが、CDの各レッスン最初のトラックに収録されています。

「公式」マークが入っているところは、そのレッスンのポイントとなる箇所です。巻末（190～191ページ）に一覧が収録されています。

◆ 音声を聞いて語句を書き取ろう！（応用編のみ）

それぞれのシチュエーションで多く使われる10個の重要な単語や熟語を、CD音声を聞いて書き取ってみましょう。解答は次のページ下にあります。

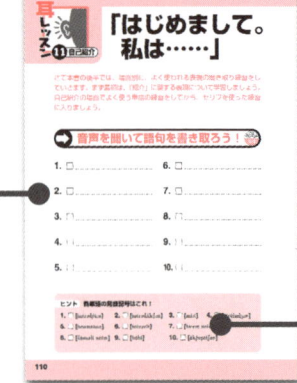

どうしても聞こえにくい語句があった場合などは、このヒント欄を活用！　発音記号を見ながら音声を聞いて、語句を導き出していきましょう。

◆ 短い文でトレーニング！（共通）

❶ 音声を聞いて空欄に入る語句を書き取ろう！

まずはCDの音声を聞いて、空欄になっている部分の言葉を、つづりの間違いなどは気にせず、聞こえたとおりに書き取ってみましょう。1文ごとに、書き取り用のポーズをとっています。CDを何度も止めたり戻したりしてもOKです。

❷ 答え合わせをして自分の弱点を知ろう！

ひととおり書き終わったら、次のページで答え合わせ。この作業で、聞き取れなかった部分＝自分の弱点が把握できます。知らない単語はしっかり確認しましょう。

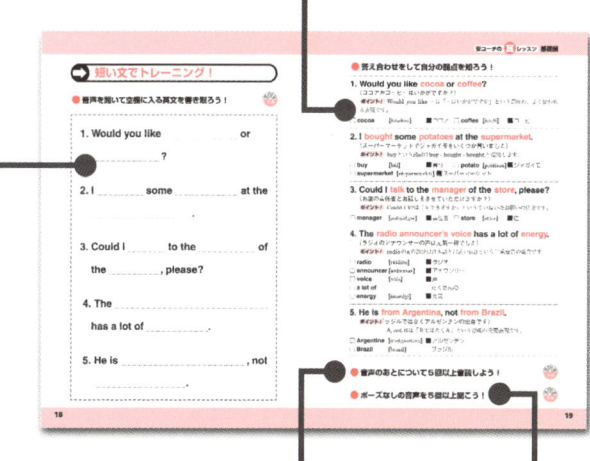

❸ 音声のあとについて5回以上音読しよう！

間違えた部分がどんなふうに聞こえるのかを特に意識しながら、音声の後について5回以上、音読します。舌や唇の動きを意識しながら、音声をできる限り真似しましょう。

❹ ポーズなしの音声を5回以上聞こう！

ポーズなしの音声を5回以上聞きます。日本語とはまったく違う発音、アクセント、イントネーションを耳に焼き付けるつもりで念入りに！

◆ 長い文／会話文にチャレンジ！（共通）

❶ 音声を聞いて空欄に入る英文を書き取ろう！

続いては長い文章に挑戦。CDの音声を聞いて、空欄に入る言葉を聞こえたとおりに書き取ってみましょう。フレーズごとに、書き取り用のポーズをとっています。途中で自由にCDを止めたり戻したりしてもかまいません。

❸ 内容が理解できているかチェックしよう！

和訳文や、ポイントとなる単語を確認できるチェックポイントを参照して、復習しましょう。意味の分からなかった部分や単語など、ここできちんと把握しましょう。

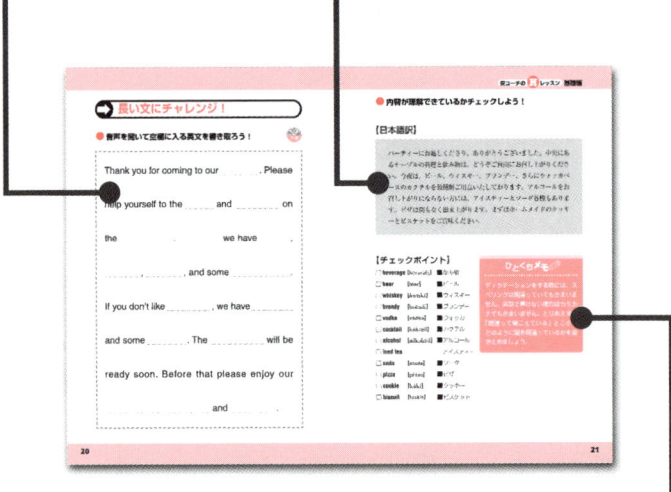

リスニングやディクテーションの力をアップさせる、さまざまなコツを安コーチが伝授してくれる「ひとくちメモ」。お得情報が満載です！

※ページが前後する部分がありますが、❶→❷→❸…の順で、学習を進めてください。

❷ 自分が書いた英文と照合しよう！

ページをめくると英文のスクリプトがあります。自分が書き取った英文と正解文とを見比べて、赤ペンでまちがいを直しましょう。

❹ 直した英文を見ながらポーズなし音声を聞こう！

修正した英文を見ながら、ポーズなしの音声を聞きましょう。まちがえた部分を強く意識し、文字と音声がしっかりかみ合うまで何回でも聞きましょう。この作業で、間違って聞いていた部分を正しい音声認知へと矯正します。

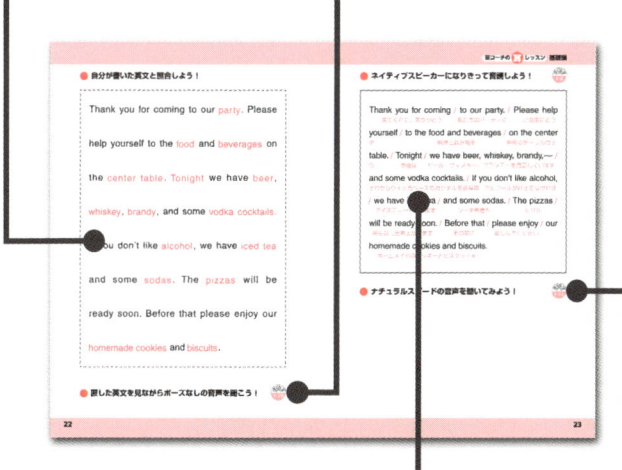

❺ ネイティブスピーカーになりきって音読しよう！

ポーズの入った音声に続いて、ネイティブスピーカーになりきって何度も音読しましょう。最初は、"／"で区切られた英語のかたまり＝意味グループごとに記された日本語訳を参考にしながら、左から右へ、英語をじかに理解する方法を身に付けましょう。（「応用編」では、②の答え合わせと⑤の音読トレーニングは、ひとつの英文にまとめられています）

❻ ナチュラルスピードの音声を聞いてみよう！

長い文／会話文の最後のトラックには、ナチュラルスピードで読まれた音声が収録してあります。最低3回は通して聞いてみてください。

◆ 復習エクササイズ❶＆❷　　☞ pp.98〜107、pp.174〜183

基礎編・応用編それぞれの要素を総合的に盛り込んだミニテストです。いずれも短文ディクテーション、パッセージ／会話内容把握問題、パッセージ／会話ディクテーションという流れになっています。自分がどこまで上達したか、学習の成果をここで確認してみてください。
できなかったところがあなたの弱点ということになりますから、もう一度学習ページに戻って再度トレーニングしましょう！

◆ 発音のまとめ　　☞ pp.185〜189

日本人が特に苦手とする、17個の英語特有の発音を、それぞれ4つの単語を例に挙げてわかりやすく解説しました。発音記号とそれがどんな音を意味しているのか、例の単語を通じてしっかり把握しましょう。これが習得できると、あなたのリスニング力はまた一段と大きく向上することでしょう。

◆ CATCH THE DIFFERENCE!❶〜❽　☞ p.56,57,108,128,129,148,149,184

トレーニングページの合間にちょっとひといき…紛らわしい発音の単語の聞き分けにチャレンジしましょう！　最初は発音記号を見ながら、次につづりを見ながら、最後はどちらの単語が発声されているかの聞き分けに挑戦します。

◆ CDについて

本書付属の2枚のCDには、それぞれのトレーニング項目に適したスピードで読まれた英語音声が収録されています。ページ内に配置された のマークを参照して、どんどん活用してください。何度も何度も繰り返して、確実に実力をつけていきましょう！
　※例えば左のマークの場合、「CD-2」の「Track 12」ということになります。

安コーチの耳レッスン 基礎編

さっそくトレーニングをはじめましょう。
英語には、英語特有の音声的な特徴があります。それは裏を返すと、
わたしたち日本人にとって馴染みがなく、聞き取りにくい音でもあるわけです。
この基礎編では、そういった英語特有の音声を10の項目に分け、
1つ1つ克服していけるような講義とトレーニングを盛り込んであります。
聞いて、書いて、読んで……英語の耳への第一歩を踏み出しましょう！

耳レッスン1	カタカナ・・・・・・・・・16
耳レッスン2	短縮・・・・・・・・・・・24
耳レッスン3	母音・・・・・・・・・・・32
耳レッスン4	子音・・・・・・・・・・・40
耳レッスン5	数字・・・・・・・・・・・48
耳レッスン6	連結・・・・・・・・・・・58
耳レッスン7	脱落・・・・・・・・・・・66
耳レッスン8	口語短縮・・・・・・・・・74
耳レッスン9	変化・・・・・・・・・・・82
耳レッスン10	強勢・・・・・・・・・・・90
	復習エクササイズ①・・・・・98
聞き分けに挑戦！	CATCH THE DIFFERENCE! ①②③ ・・・・・・・・・56, 57, 108

カタカナを忘れよう！

耳レッスン 1 カタカナ

🠖 英語が聞こえない"固まった耳"をほぐそう！

なぜ英語が聞き取れないのか？

　日本人の私たちにとって英語を聞き取るのを大変難しくしている原因の1つは、**私たちの使っている50音の音声システムと英語の音声システムが大きく異なっている**ことです。例えば、kangaroo [kǽŋgərúː]という英語の音と「カンガルー」という日本語の音はかなり異なりますが、私たちはついついカタカナに英語を当てはめて理解しようとしてしまいます。

公式 1

　英語と日本語は接触を持たずに別々に発達した言語なので、構造的にも音声的にも非常に異なっています。リスニングが得意になる第一歩は、この違いをしっかりと認識することです。難しいことですが、まずは英語を読むときや聞くときには、**カタカナに無理やり当てはめようとせず、日本語とは違った音をCDの音声を聞いたままに素直に発音**してみてください。

まずは素直にまねしてみよう！

　あまり言われないことですが、私は、日本人にとって英語のリスニン

安コーチの耳レッスン 基礎編

英語をカタカナに
あてはめようとする
クセを捨て去り、
聞こえたとおりに
まねをしよう！

　グを難しくしているのは、このようにカタカナから脱却して英語をまねるときの「照れ」だと思っています。慣れ親しんだ言語の音から脱皮するときには、何とも言えない「恥ずかしい気持ち」になります。とくに人目があるときには、この照れ心からついつい日本語のカタカナ発音になってしまうことが多いのですが、思い切って清水の舞台から飛び降りることが、リスニングをマスターする第一歩なのです。
　CDを聞きながら、ネイティブスピーカーになりきってまねをしてみましょう。赤ちゃんになった気持ちで、聞こえたとおりに素直にまねをすればよいのです。成人の皆さんであれば、少々のアルコールも助けになりますよ。

公式2

短い文でトレーニング！

❶ 音声を聞いて空欄に入る英文を書き取ろう！

1. Would you like _____ or _____ ?

2. I _____ some _____ at the _____ .

3. Could I _____ to the _____ of the _____ , please?

4. The _____ has a lot of _____ .

5. He is _____ , not _____ .

❷ 答え合わせをして自分の弱点を知ろう！

1. Would you like cocoa or coffee?
（ココアかコーヒーはいかがですか？）

ポイント！ Would you like 〜は「〜はいかがですか」という意味の、よく使われる表現です。

☐ **cocoa** [kóukou] 名ココア ☐ **coffee** [kɔ́ːfi] 名コーヒー

2. I bought some potatoes at the supermarket.
（スーパーマーケットでジャガイモをいくつか買いました）

ポイント！ buyという動詞はbuy - bought - boughtと活用します。

☐ **buy** [bái] 動買う ☐ **potato** [pətéitou] 名ジャガイモ
☐ **supermarket** [súːpərmàːrkit] 名スーパーマーケット

3. Could I talk to the manager of the store, please?
（お店の責任者とお話しをさせていただけますか？）

ポイント！ Could I V?は「Vできますか」というていねいなお願いの仕方です。

☐ **manager** [mǽnidʒər] 名責任者 ☐ **store** [stɔ́ːr] 名店

4. The radio announcer's voice has a lot of energy.
（ラジオのアナウンサーの声は元気一杯でした）

ポイント！ radioのaの部分は日本語とは違い[ei]という二重母音の発音です。

☐ **radio** [réidiòu] 名ラジオ
☐ **announcer** [ənáunsər] 名アナウンサー
☐ **voice** [vɔ́is] 名声
☐ **a lot of** たくさんの
☐ **energy** [énərdʒi] 名元気

5. He is from Argentina, not from Brazil.
（彼は、ブラジルではなくアルゼンチンの出身です）

ポイント！ A, not Bは「BではなくA」という意味の重要表現です。

☐ **Argentina** [àːrdʒəntíːnə] 名アルゼンチン
☐ **Brazil** [brəzíl] 名ブラジル

❸ 音声のあとについて５回以上音読しよう！

❹ ポーズなしの音声を５回以上聞こう！

長い文にチャレンジ！

❶ 音声を聞いて空欄に入る英文を書き取ろう！

Thank you for coming to our _____. Please help yourself to the _____ and _____ on the _____. _____ we have _____, whiskey, _____, and some _____ _____. If you don't like _____, we have _____ and some _____. The _____ will be ready soon. Before that please enjoy our _____ and _____.

❸ 内容が理解できているかチェックしよう！

【日本語訳】

パーティーにお越しくださり、ありがとうございました。中央にあるテーブルの料理と飲み物は、どうぞご自由にお召し上がりください。今夜は、ビール、ウィスキー、ブランデー、さらにウォッカベースのカクテルを数種類ご用意いたしております。アルコールをお召し上がりにならない方には、アイスティーとソーダ各種もあります。ピザは間もなく出来上がります。まずはホームメイドのクッキーとビスケットをご賞味ください。

【チェックポイント】

- ☐ **beverage** [bévəridʒ] 名 飲み物
- ☐ **beer** [bíər] 名 ビール
- ☐ **whiskey** [hwíski] 名 ウィスキー
- ☐ **brandy** [brǽndi] 名 ブランデー
- ☐ **vodka** [vádkə] 名 ウォッカ
- ☐ **cocktail** [káktèil] 名 カクテル
- ☐ **alcohol** [ǽlkəhɔ̀ːl] 名 アルコール
- ☐ **iced tea** アイスティー
- ☐ **soda** [sóudə] 名 ソーダ
- ☐ **pizza** [píːtsə] 名 ピザ
- ☐ **cookie** [kúki] 名 クッキー
- ☐ **biscuit** [bískit] 名 ビスケット

> **ひとくちメモ**
>
> ディクテーションをする際には、スペリングは間違っていてもかまいません。英語で書けない場合はカタカナでもかまいません。とりあえずは「間違って聞こえている」ところがどのように聞き間違っているかを突き止めましょう。

❷ 自分が書いた英文と照合しよう！

Thank you for coming to our party. Please help yourself to the food and beverages on the center table. Tonight we have beer, whiskey, brandy, and some vodka cocktails. If you don't like alcohol, we have iced tea and some sodas. The pizzas will be ready soon. Before that please enjoy our homemade cookies and biscuits.

❹ 直した英文を見ながらポーズなしの音声を聞こう！

❺ **ネイティブスピーカーになりきって音読しよう！**

Thank you for coming / to our party. / Please help
　　来てくれて、ありがとう　　私たちのパーティに　　　ご自由にどう

yourself / to the food and beverages / on the center
ぞ　　　　　　　料理と飲み物を　　　　　中央のテーブルの上

table. / Tonight / we have beer, whiskey, brandy,/
の　　　　今夜は　　ビール、ウィスキー、ブランデーを用意しています

and some vodka cocktails. / If you don't like alcohol,
それからウォッカベースのカクテルを数種類　アルコールが好きでなければ

/ we have iced tea / and some sodas. / The pizzas /
　アイスティーもあります　　ソーダ各種も　　　　ピザが

will be ready soon. / Before that / please enjoy / our
間もなく出来上がります　　その前に　　楽しんでください

homemade cookies and biscuits.
ホームメイドのクッキーとビスケットを

❻ **ナチュラルスピードの音声を聞いてみよう！**

短縮された形に強くなろう!

4タイプの短縮形を把握する！

　I am [ái] [əm] のような、主語＋be動詞の形は、短縮されてI'm [áim] となることがあります。もちろん、発音も詰まって聞き取りにくくなるので、練習が必要です。主語＋be動詞の形ばかりでなく、do notがdon'tになるような、助動詞＋notの短縮形など、さまざまな短縮形があります。以下に短縮形をリストアップしてみました。これらは、一度に無理に暗記しようとするのではなく、一度さーっと目を通しておき、実際に文の中で確認しながら、少しずつ学んでいきましょう。

公式3

●主語＋be動詞

□I am	= I'm	[áim]	□We are	= We're	[wíər]
□They are	= They're	[ðər]	□You are	= You're	[juər]
□He is	= He's	[hi:z]	□She is	= She's	[ʃi:z]
□It is	= It's	[its]			

●be動詞＋not

| □is not | = isn't | [íznt] | □are not | = aren't | [á:rnt] |
| □was not | = wasn't | [wʌ́znt] | □were not | = weren't | [wə́:rnt] |

慣れがかんじん！最初は聞こえなくてもあせらないで。無理に暗記しなくたって大丈夫だ！

● 助動詞＋not

☐ do not	= don't	[dóunt]
☐ did not	= didn't	[dídnt]
☐ has not	= hasn't	[hǽznt]
☐ can not	= can't	[kǽnt]
☐ must not	= mustn't	[mʌ́snt]

☐ does not	= doesn't	[dʌ́znt]
☐ have not	= haven't	[hǽvənt]
☐ had not	= hadn't	[hǽdnt]
☐ should not	= shouldn't	[ʃúdnt]

● 主語＋助動詞

☐ I have	= I've	[áiv]
☐ We have	= We've	[wíːv]
☐ She has	= She's	[ʃiːz]
☐ I would	= I'd	[áid]
☐ We would	= We'd	[wíːd]
☐ She would	= She'd	[ʃiːd]
☐ I had	= I'd	[áid]
☐ We had	= We'd	[wíːd]
☐ She had	= She'd	[ʃiːd]

☐ They have	= They've	[ðéiv]
☐ He has	= He's	[hiːz]
☐ It has	= It's	[its]
☐ They would	= They'd	[ðéid]
☐ He would	= He'd	[hiːd]
☐ It would	= It'd	[ítəd]
☐ They had	= They'd	[ðéid]
☐ He had	= He'd	[hiːd]
☐ It had	= It'd	[ítəd]

短い文でトレーニング！

❶ 音声を聞いて空欄に入る英文を書き取ろう！

1. _____ in American _____.

2. _____ been to _____ many times.

3. _____ this new painting very _____?

4. _____ you the _____ of this _____?

5. I _____ got a _____ from her yet.

❷ 答え合わせをして自分の弱点を知ろう！

1. I'm interested in American movies.
（私はアメリカ映画に興味があります）
ポイント！ be interested in ～は「～に興味がある」という意味の熟語です。

2. He's been to China many times.
（彼は、何度も中国を訪れています）
ポイント！ has been to ～は「～に行ったことがある」という意味の熟語です。

3. Isn't this new painting very beautiful?
（この絵画の新作はとても美しいですね）
ポイント！ 「～ですね」と念押しをする場合に、否定の疑問文が使われることがあります。

☐ **beautiful** [bjúːtəfəl] 形 美しい

4. Aren't you the manager of this store?
（あなたがこの店の責任者ではないのですか？）
ポイント！ managerの発音はアクセントが日本語と大きく異なります。

5. I haven't got a message from her yet.
（まだ彼女からメッセージを受け取っていません）
ポイント！ getという動詞はget - got - gotと活用します。

☐ **message** [mésidʒ] 名 メッセージ
☐ **yet** [jét] 副 まだ

❸ 音声のあとについて5回以上音読しよう！

❹ ポーズなしの音声を5回以上聞こう！

長い文にチャレンジ！

❶ 音声を聞いて空欄に入る英文を書き取ろう！

Hello, _____. My _____ Ted Yamada.

_____ an _____ from Japan. I

arrived in the _____ three days ago. Of

_____, I still _____ many _____

of this _____, so _____ very glad if

you could _____ me adjust to life here. I hope

my _____ here will be a _____.

❸ 内容が理解できているかチェックしよう！

【日本語訳】

> みなさん、こんにちは。テッド山田と言います。日本からの交換留学生で、アメリカには3日前に到着しました。もちろん、この国の習慣はまだよくわかりませんので、ここでの生活に適応できるよう助けていただけるととてもありがたいです。ここでの滞在が素晴らしいものになることを願っています。

【チェックポイント】

- ☐ **exchange** ［ikstʃéindʒ］ 名 交換
- ☐ **arrive** ［əráiv］ 動 到着する
- ☐ **the States** 米国
- ☐ **custom** ［kʌ́stəm］ 名 習慣
- ☐ **country** ［kʌ́ntri］ 名 国
- ☐ **adjust** ［ədʒʌ́st］ 動 適応する

ひとくちメモ

単語の発音の練習をする際には、英語のスペリングばかりでなく、発音記号も見るようにしてみましょう。カタカナを卒業して発音記号が使いこなせるようになると、みなさんの耳の力は一気に向上しますよ。

❷ 自分が書いた英文と照合しよう！

Hello, everyone. My name is Ted Yamada. I'm an exchange student from Japan. I arrived in the States three days ago. Of course, I still don't know many customs of this country, so I'd be very glad if you could help me adjust to life here. I hope my stay here will be a great one.

❹ 直した英文を見ながらポーズなしの音声を聞こう！

❺ ネイティブスピーカーになりきって音読しよう！

Hello, everyone. / My name is Ted Yamada. / I'm an
みなさん、こんにちは　　　テッド山田と言います　　　私は

exchange student / from Japan. / I arrived in the
交換留学生です　　　日本からの　　　アメリカに到着

States / three days ago. / Of course, / I still don't
しました　　　3日前に　　　もちろん　　　習慣はまだ

know many customs / of this country, / so I'd be
よくわかりません　　　この国の　　　だから

very glad / if you could help me / adjust to life here. /
私はうれしい　　私を助けてくれたら　　ここでの生活に適応できるように

I hope my stay here / will be a great one.
ここでの滞在を願っています　素晴らしいものになることを

❻ ナチュラルスピードの音声を聞いてみよう！

英語特有の母音を聞き取ろう！

耳レッスン 3 母音

> 便利な道具＝発音記号を使って区別する！

日本語と最も異なる母音「ア」「アー」

　英語の母音の中でも日本語と最も異なっているのが、日本語の「ア」や「アー」に相当する音です。日本語の五十音では表すことができないこれらの音は、発音記号という便利なツールを使って区別することができます。

　hatは日本語的に発音すると「ハット」ですが、英語の発音記号は[hǽt]となります。この[æ]という音は日本語の「エ」と「ア」の中間に当たる音で、綴り字のaの上にアクセントが置かれた場合、この音となります。

　hutも日本語的に発音すると「ハット」ですが、これは[hʌ́t]と発音します。この[ʌ]という音は日本語の「オ」と「ア」、もしくは「ウ」と「ア」の中間に当たる音で、綴り字のoやuやouの上にアクセントがあり、それを日本語の「ア」に近い音で読みたい場合は、多くの場合この音になります。

　hotはイギリス英語では[hɔ́t]と読みますが、アメリカ英語では[hát]となります。これは日本語の「ア」よりも大きな音です。

　Japanの後ろのアクセントがある方のaは[æ]と読みますが、最初の

安コーチの耳レッスン 基礎編

日本語の五十音では表現できない英語の母音は発音記号を味方にして習得しよう！

　アクセントがないaは[ə]と読まれます。これはまったく力の入らない音にもならないような弱い音です。
　また、聞き取りが難しいのがgirlやpearlのような単語の[əːr]という音です。これは、舌の先を少し上げる感じで、濁った「アー」という音を出します。ir、er、ur、or、earなどの綴りの場合はこの音で読まれることがほとんどです。
　partなど、arの綴りの場合には、この音にはならず、濁らせず[ɑːr]と読みます。
　いっぺんにマスターしようと焦らずに、少しずつ直していきましょうね。

短い文でトレーニング！

❶ 音声を聞いて空欄に入る英文を書き取ろう！

1. _____ is a _____ .

2. You have _____ on your _____ .

3. The _____ was wearing a _____ .

4. A lot of _____ can be _____ in this _____ of _____ .

5. A _____ in a _____ lives in _____ .

❷ 答え合わせをして自分の弱点を知ろう！

1. That person is a madman.
（あの人は向こう見ずです）

ポイント！ personのerの部分のように、erという綴りは多くの場合[əːr]と発音されます。

☐ **madman** [mǽdmæn] 名 向こう見ず

2. You have mud on your hands.
（手に泥がついていますよ）

ポイント！ mudのuは[ʌ]、handのaは[æ]と発音することに注意しましょう。

☐ **mud** [mʌ́d] 名 泥　　☐ **hand** [hǽnd] 名 手

3. The girl was wearing a pearl ring.
（少女は真珠の指輪をしていました）

ポイント！ girlとpearlはともに[əːr]の発音を含んでいます。

☐ **girl** [gə́ːrl] 名 女の子　　☐ **wear** [wέər] 動 身につけている
☐ **pearl** [pə́ːrl] 名 真珠　　☐ **ring** [ríŋ] 名 指輪

4. A lot of birds can be seen in this part of town.
（町のこの辺りでは、たくさんの鳥が見られます）

ポイント！ birdのirの部分[əːr]とpartのarの部分[ɑːr]の発音の違いに注意しましょう。

☐ **bird** [bə́ːrd] 名 鳥

5. A girl in a purple hat lives in that hut.
（紫色の帽子をかぶった少女は、あの小屋に住んでいます）

ポイント！ hatとhutの母音の違いに注意して何度も練習しましょう。

☐ **purple** [pə́ːrpl] 形 紫色の　　☐ **hat** [hǽt] 名 帽子
☐ **hut** [hʌ́t] 名 小屋

❸ 音声のあとについて5回以上音読しよう！

❹ ポーズなしの音声を5回以上聞こう！

長い文にチャレンジ！

❶ 音声を聞いて空欄に入る英文を書き取ろう！

Our small _____ is _____ " _____

_____ " because you can see many _____ of

_____ all _____ here. A _____ called

_____ is _____ in the _____ of the

_____. There are a lot of _____

_____ can _____ and children can _____

_____ up close.

❸ 内容が理解できているかチェックしよう！

【日本語訳】

> 私たちの小さな町は、1年を通してさまざまな種類の鳥が見られるため、よく「バード・タウン」と呼ばれます。町の中心には、バード・パークという公園もあります。そこには、鳥が遊ぶいくつもの池があり、子供たちが鳥を間近に観察できます。

【チェックポイント】

- ☐ **small** [smɔ́:l] 形 小さな
- ☐ **often** [ɔ́:fən] 副 しばしば
- ☐ **call** [kɔ́:l] 動 呼ぶ
- ☐ **round** [ráund] 副 ～を通して、～中
- ☐ **park** [pá:rk] 名 公園
- ☐ **locate** [lóukeit] 動 位置する、ある
- ☐ **pond** [pánd] 名 池
- ☐ **observe** [əbzá:rv] 動 観察する
- ☐ **close** [klóus] 形 接近した

> **ひとくちメモ**
>
> 音読する際には、日本語のように、口先を使って高い音で発音するのではなく、腹式呼吸でおなかの底から息を出して、「野太く」「低い」声で発音してみましょう。日本語よりも、ずっとずっと低い声です。

❷ 自分が書いた英文と照合しよう！

Our small town is often called "Bird Town" because you can see many kinds of birds all year round here. A park called Bird Park is located in the center of the town. There are a lot of ponds there where birds can play and children can observe the birds up close.

❹ 直した英文を見ながらポーズなしの音声を聞こう！

安コーチの耳レッスン 基礎編

❺ ネイティブスピーカーになりきって音読しよう！ CD 1-21

Our small town / is often called / "Bird Town" /
　私たちの小さな町は　　　よく呼ばれます　　「バード・タウン」と

because you can see / many kinds of birds / all year
　なぜなら見られるから　　さまざまな種類の鳥が　　ここでは

round here. / A park / called Bird Park / is located /
　1年を通して　　公園は　　バード・パークと呼ばれる　　位置する

in the center of the town. / There are / a lot of ponds
　町の中心に　　　　　　　あります　　そこには多くの池が

there / where birds can play / and children can
　　　　鳥が遊べるところ　　　そして子供たちが

observe the birds / up close.
　鳥を観察できる　　　間近に

❻ ナチュラルスピードの音声を聞いてみよう！ CD 1-23

耳レッスン 4 子音
英語特有の子音を聞き取ろう！

➡ 対応する綴りにも注目する！

なじみのない音でも、恐るるべからず

　英語の子音の中には、日本語とかけはなれたものがあり、英語の聞き取りを難しくしています。

　Thank you.のthは[θ]という音ですが、この音を出すには上下の歯の間から舌を出して、日本語の「ス」に近い音を出します。

　thereという単語のthの部分は[ð]と読みます。これは[θ]のときと同じように、舌を上下の歯の間から軽く出して、日本語の「ズ」に近い音を出します。

　これらの[θ][ð]という音は綴り字のthに対応しています。

　shotやshirtのような単語のshの部分は[ʃ]という音で発音します。歯の間から鋭く空気を出しながら、日本語の「シッ」のように発音します。

　veilやvanという単語の中の[v]という音は、下の唇を上の歯に付けて、日本語の「ブ」のように発音します。foxやfiveの[f]という音も同じように、下の唇を上の歯に付けて「フ」と発音します。

　kingやringの語尾のngという部分の[ŋ]という子音の発音にも注意が必要です。この音を発する際には、語尾のgを日本語の「グ」のよう

安コーチの耳レッスン 基礎編

新しく単語の綴りを覚えるときや音読の練習をするときなど意識して発音の矯正をしていこう！

king

ring

にハッキリと発音してはいけません。「ンッ」と鼻から音を出すように発音します。「キング」ではなくて「キンッ」、「リング」ではなくて「リンッ」のような発音になります。

　そのほか注意すべき子音の発音は多くありますが、子音の発音は多くの場合単語の綴りと対応しているので、英文を音読するときに、矯正するように、少しでも意識していくことが大切です。 公式6

短い文でトレーニング！

❶ 音声を聞いて空欄に入る英文を書き取ろう！

1. The _____ was _____.

2. _____ you for _____ us to the _____.

3. _____ is _____ with the _____.

4. The _____ on our _____ doesn't _____.

5. _____ will _____ if you _____ them too _____.

❷ 答え合わせをして自分の弱点を知ろう！

1. The movie was very thrilling.
（その映画はスリル満点でした）

ポイント！ thrillingは[θ]と[r]と[l]と[ŋ]を含む最難関単語です。

☐ **thrilling** [θríliŋ] 形 スリル満点の

2. Thank you for inviting us to the party.
（パーティーにお招きいただき、ありがとうございます）

ポイント！ Thank youの後ろに理由を添える場合にはforという前置詞を使います。

☐ **invite** [inváit] 動 招待する ☐ **party** [pá:rti] 名 パーティー

3. Something is wrong with the shredder.
（シュレッダーの調子が悪いのです）

ポイント！ Something is wrong with ～.は「～はどこかおかしい」という意味の重要表現です。

☐ **wrong** [rɔ́:ŋ] 形 悪い ☐ **shredder** [ʃrédər] 名 シュレッダー

4. The right headlight on our car doesn't work.
（私たちの車の右のヘッドライトがつきません）

ポイント！ [r]を発音する時には舌をどこにもつけずに、[l]を発音するときには舌を上の歯の裏につけてください。

☐ **headlight** [hédlàit] 名 ヘッドライト ☐ **work** [wə́:rk] 動 機能する

5. These shirts will shrink if you wash them too often.
（これらのシャツは、あまり頻繁に洗うと縮んでしまいます）

ポイント！ shはいつも[ʃ]の音で発音します。鋭く「シッ」という音を作ってください。

☐ **shirt** [ʃə́:rt] 名 シャツ ☐ **shrink** [ʃríŋk] 動 縮む

❸ 音声のあとについて5回以上音読しよう！

❹ ポーズなしの音声を5回以上聞こう！

長い文にチャレンジ！

❶ 音声を聞いて空欄に入る英文を書き取ろう！

Our _____ starts from the _____,

and we take _____ in the _____ to the

top of the _____. _____ you can

enjoy a _____ of the _____

city and the _____. We will have _____

_____ and _____ go down the _____

of the _____, where the bus will be _____

for us.

❸ **内容が理解できているかチェックしよう！**

【日本語訳】

> ウォーキングツアーは神社からスタートします。それから森の中の小道を丘の上まで進みます。丘の上では町全体と海を見渡す眺望が楽しめるでしょう。そこでランチをとり、丘の反対側を下ると、そこでバスが待機しています。

【チェックポイント】

- ☐ shrine　　[ʃráin]　　名 神社
- ☐ trail　　　[tréil]　　　名 小道
- ☐ woods　　[wúdz]　　名 森
- ☐ hill　　　　[híl]　　　　名 丘
- ☐ panoramic　[pæn ərǽmik]　形 全景の見える
- ☐ view　　　[vjúː]　　　名 眺望
- ☐ wait　　　[wéit]　　　動 待つ

ひとくちメモ

英語と日本語の音声体系は、本当に「全然」違います。発音記号を意識しながら、CDの音声をまねて、「恥ずかしがらずに」思い切って変な口の格好で音を出してみてください。子供の方が習得が速い1つの理由は、このことに対する「抵抗」がないことです。

❷ 自分が書いた英文と照合しよう！

> Our walking tour starts from the shrine, and we take trails in the woods to the top of the hill. From there you can enjoy a panoramic view of the whole city and the ocean. We will have lunch there and then go down the other side of the hill, where the bus will be waiting for us.

❹ 直した英文を見ながらポーズなしの音声を聞こう！

❺ ネイティブスピーカーになりきって音読しよう！ 🎧1-27

Our walking tour / starts from the shrine, / and we
私たちのウォーキングツアーは　神社からスタートします　　　　そして

take trails / in the woods / to the top of the hill. /
小道を進みます　　森の中の　　　　　丘の頂上まで

From there / you can enjoy / a panoramic view /
そこからは　　　楽しめます　　　眺望を

of the whole city / and the ocean. / We will have
町全体の　　　　　そして海の　　　そこでランチを

lunch there / and then go down / the other side /
とります　　　　そして下ります　　　反対側を

of the hill, / where the bus / will be waiting for us.
丘の　　　　そこでバスが　　　待機しています

❻ ナチュラルスピードの音声を聞いてみよう！ 🎧1-29

耳レッスン ⑤ 数字

数字の聞き取りに強くなろう！

➡ 日常生活でもトレーニングする！

意外にも、かなり難しい数字の聞き取り

外国語を学ぶときに、最も難しいものの1つが、数字の聞き取りです。紙の上で見ると簡単にわかることでも、耳で聞き取って反射的に理解するのはかなり難しいことです。

例えば今、10秒以内に自分の電話番号を英語で言ってみてください。なかなか出てきませんよね。聞き取りの場合も同じで、よく練習しておかなければ、耳は瞬時に反応しないのです。

こんなに違う、英語の桁・読み方

英語の桁は、日本語とは繰り上がり方がまったく異なります。例えば、460,000,000という数字は、日本語では「4億6千万」ですが、英語ではfour hundred and sixty millionとなります。数字には3桁ごとにカンマが打ってありますが、英語の桁はこのカンマのところで繰り上がります。1つ目がthousand、2つ目がmillion、3つ目がbillionという繰り上がり方をします。

また、小数を読む場合には、pointという単語を使い、例えば、

（公式7）
（公式8）

7.8であれば、seven point eightと読まれます。

年代の読み方にも注意が必要です。例えば1985という年代を読む場合には、nineteen eighty-fiveというように、前の2桁と後ろの2桁に分けて読まれます。2005のような年代は、ふつうtwo thousand fiveと読まれます。

数字に強くなるためには、普段の生活で、例えば時刻や電話番号、郵便番号を英語で言ってみるなどの練習をたくさんすることが大切です。

短い文でトレーニング！

❶ 音声を聞いて空欄に入る英文を書き取ろう！

1. _____ people came to the _____.

2. I was _____ in _____.

3. _____ people _____ here.

4. The _____ weighed _____.

5. About _____ people live in this country.

❷ 答え合わせをして自分の弱点を知ろう！

1. 33 (thirty-three) people came to the meeting.
（33名がその集会に参加しました）

ポイント！ thirty-threeを発音する時にはthの部分の発音[θ]を意識しましょう。

- □ come　　[kʌ́m]　　動来る　come - came - come
- □ meeting　[míːtiŋ]　名集会

2. I was born in 1999 (nineteen ninety-nine).
（私は1999年に生まれました）

ポイント！ 年代を読むときには2桁ずつに分けて読みます。

- □ bear　　[béər]　　動生まれる　bear - bore - born

3. 770 (seven hundred and seventy) people study here.
（770名がここで勉強しています）

ポイント！ 別の数に入れ替えて練習してみましょう。

4. The meat weighed 2.5 (two point five) pounds.
（その肉は2.5ポンドありました）

ポイント！ 小数点はpointと読まれます。

- □ meat　　[míːt]　　名肉
- □ weigh　[wéi]　　動重さがある
- □ pound　[páund]　名ポンド（重量の単位）

5. About 120 (one hundred and twenty) million people live in this country.
（この国には、およそ1億2000万人が住んでいます）

ポイント！ thousand, million, billionのように、英語の単位は3桁ごとに繰り上がっていきます。

- □ million　[míljən]　形100万の

---

❸ 音声のあとについて5回以上音読しよう！ （CD 1-31）

❹ ポーズなしの音声を5回以上聞こう！ （CD 1-32）

長い文にチャレンジ！

❶ 音声を聞いて空欄に入る英文を書き取ろう！

Let me _____ tomorrow's _____ once again. We will _____ the hotel at _____, so please be in the _____ at _____. It will be _____ a _____ bus ride to the _____. From _____ to _____, you will have _____ time for _____ there. We will _____ to the hotel _____.

❸ 内容が理解できているかチェックしよう！

【日本語訳】

明日の予定を再度説明させてください。8時30分にホテルを出発しますので、その15分前にはロビーにおこしください。寺院まではおよそ2時間30分のバスの旅になります。11時から12時30分までは、1時間30分の自由時間です。ホテルには3時までに戻る予定です。

【チェックポイント】

- ☐ explain [ikspléin] 動 説明する
- ☐ schedule [skédʒuːl] 名 予定
- ☐ hotel [houtél] 名 ホテル
- ☐ at least 少なくとも
- ☐ beforehand [bifɔ́ːrhænd] 副 あらかじめ
- ☐ temple [témpl] 名 寺院

ひとくちメモ

ディクテーションに加えてよい練習になるのは、この英文の音声を聞きながら、ツアーの参加者になったつもりで「メモ」を取ってみることです。実際の旅行で時間を聞き間違えると大変なことになってしまいます。集中して挑戦してみましょう。

❷ 自分が書いた英文と照合しよう！

Let me explain tomorrow's schedule once again. We will leave the hotel at 8:30, so please be in the lobby at least 15 minutes beforehand. It will be about a two-and-a-half-hour bus ride to the temple. From 11:00 to 12:30, you will have free time for an hour and a half there. We will get back to the hotel by three o'clock.

❹ 直した英文を見ながらポーズなしの音声を聞こう！

❺ ネイティブスピーカーになりきって音読しよう！

Let me explain / tomorrow's schedule / once again. /
説明させてください　　　　明日の予定を　　　　　　もう一度

We will leave the hotel / at 8:30 (eight thirty), / so
私たちはホテルを出発します　　　　8時30分に　　　だから

please be in the lobby / at least 15 (fifteen) minutes
ロビーにいてください　　　　　　少なくともその15分

beforehand. / It will be about a two-and-a-half-hour
前には　　　　　　　　およそ2時間30分のバスの旅に

bus ride / to the temple. / From 11:00 (eleven) to
なります　　　寺院まで　　　　　　　　11時から

12:30 (twelve thirty), / you will have free time / for an
12時30分まで　　　　　　　自由時間があります

hour and a half there. / We will get back / to the
1時間30分の間　　　　　　　私たちは戻ります　　ホテルに

hotel / by three o'clock.
　　　　　3時までに

❻ ナチュラルスピードの音声を聞いてみよう！

CATCH THE DIFFERENCE!! 1 聞き分けに挑戦!!

1st Try 発音記号を見ながらリピートしてみましょう！ CD 1-37

1. [hít] — [fít]
2. [péin] — [pén]
3. [kʌ́t] — [kǽt]

2nd Try 英単語を見ながらリピートしてみましょう！ CD 1-38

1. hit — fit
2. pain — pen
3. cut — cat

3rd Try 音声を聞いて、読まれている方の単語をマークしましょう！ CD 1-39

1. ☐hit — ☐fit
2. ☐pain — ☐pen
3. ☐cut — ☐cat

★語句の意味…1. 打つ－適合する　2. 痛み－ペン　3. 切る－猫

3rd Try の答え…1. hit 2. pen 3. cat

CATCH THE DIFFERENCE! 2 聞き分けに挑戦!!

1st Try 発音記号を見ながらリピートしてみましょう！ (CD 1-41)

1. [fάːr] — [féər]
2. [θíŋk] — [síŋk]
3. [síː] — [ʃiː]

2nd Try 英単語を見ながらリピートしてみましょう！ (CD 1-42)

1. far — fur
2. think — sink
3. see — she

3rd Try 音声を聞いて、読まれている方の単語をマークしましょう！ (CD 1-43)

1. ☐far — ☐fur
2. ☐think — ☐sink
3. ☐see — ☐she

★語句の意味…1. 遠くへ―毛皮　2. 考える―沈む　3. 見る―彼女は
3rd Tryの答え…1. fur　2. sink　3. see

耳レッスン ⑥ 連結

つながる音を聞き取ろう！

➡ 法則性をつかんで難所をクリアする！

ネイティブスピーカーの英語が聞き取りにくい理由 🎧 1-44

　日本人がネイティブスピーカーの英語を聞いたときに、**最も聞き取りにくいのが、言葉と言葉がつながって聞こえる部分**です。

　例えば、pick it upという表現をネイティブスピーカーが自然な速度で読むと、「ピッキッラップ」のようにつながってしまいます。「ピック・イット・アップ」と分けては発音されません。

音がつながるときの法則はこれだ！

　ネイティブスピーカーがpick it upを発音すると、pickという単語の語尾の[k]という子音とitという単語の語頭の[i]という母音がつながります。さらにitの語尾の[t]という子音とupの語頭の[ʌ]という音もつながってしまうのです。また、このように語尾の[t]という音と直後の母音がつながると[r]に近い音に変化します。

公式11

| 語尾の子音 | ＋ | 母音 | → | つながって聞こえる |

安コーチの耳レッスン 基礎編

> 音読のときには、ネイティブ気分を全面に押し出そう！ドーンと見据えて！Don't miss it.だ!?

check it!

　このように子音と母音がつながってしまう現象も、きちんと発音できるようになることが、聞き取りが得意になる大切なコツなのです。ネイティブスピーカーの音声をまねながら、同じような音で読めるようになるまで練習してみましょう。

Pick it up
（ピッキッラップ）

短い文でトレーニング！

❶ 音声を聞いて空欄に入る英文を書き取ろう！

1. You should _____.

2. I found a _____ on the _____ and _____.

3. _____ so you do not _____.

4. The _____ is shaped _____ small _____.

5. We finally _____ to the _____ of the _____.

❷ 答え合わせをして自分の弱点を知ろう！

1. You should check it out.
（それは調べるべきでしょう）

ポイント！ itのtの部分が[r]のような音になり、「チェキラウ」のように聞こえます。

☐ check out　　　　　調べる

2. I found a quarter on the ground and picked it up.
（私は地面に落ちている25セントを見つけて拾いました）

ポイント！ itのtの部分が[r]のような音になり、「ピッキラッ」のように聞こえます。

☐ quarter　[kwɔ́ːrtər]　名 25セント貨
☐ ground　[gráund]　名 地面　　☐ pick up　　　拾い上げる

3. Put on a jacket so you do not catch a cold.
（風邪をひかないようにジャケットを着なさい）

ポイント！ so (that) S Vは「SがVするように」という目的を表す構文です。

☐ put on　　　　着る　　　☐ jacket　[dʒǽkit]　名 ジャケット
☐ catch a cold　　風邪をひく

4. The mountain is shaped kind of like a small elephant.
（その山は小象か何かのような形をしています）

ポイント！ kind ofは副詞の働きをして「何か」のような意味になります。be shaped like ～で「～の形をしている」という意味です。

☐ mountain [máuntən] 名 山　　　☐ elephant [éləfənt] 名 象

5. We finally made it to the top of the mountain.
（私たちは、ついに山頂にたどり着きました）

ポイント！ make itは「たどり着く」「成功する」という意味の重要熟語です。

☐ finally　　[fáinəli]　　副 ついに

❸ 音声のあとについて5回以上音読しよう！

❹ ポーズなしの音声を5回以上聞こう！

長い文にチャレンジ！

❶ 音声を聞いて空欄に入る英文を書き取ろう！

Hi, _____? About yesterday, _____

very sorry about _____ to you. I didn't

_____ your feelings, but I couldn't

_____. Please understand I said

_____ because I _____ so

much. I _____ can _____

_____ you, but if you hear this message and still

want to _____, please _____.

❸ 内容が理解できているかチェックしよう！

【日本語訳】

> こんにちは。調子はどう？　昨日はあんなことを言って本当にごめんなさい。あなたを傷つけるつもりはなかったのに、自分の感情をコントロールできなくて。私があんなことを言ったのはすべて、あなたをとても心配しているからだということをわかってください。どう償っていいかわからないけど、もしこのメッセージを聞いて、もしまだ私と話したいと思ってくれたら、どうか電話をください。

【チェックポイント】

- ☐ **hurt** 　　[há:rt] 　　動 傷つける
- ☐ **feeling** 　[fí:liŋ] 　　名 気分
- ☐ **control** 　[kəntróul] 　動 制御する
- ☐ **care about** 　　　　　　心配する
- ☐ **make it up** 　　　　　　償いをする
- ☐ **give a call** 　　　　　　電話する

ひとくちメモ

check it outやpick it upなどの発音は、私もそうでしたが、最初は舌がもつれてしまい、なかなかうまくできません。最初はゆっくりと発音し、徐々にスピードを上げていきながら、舌の形を固めていきましょう。

❷ 自分が書いた英文と照合しよう！

Hi, how's it going? About yesterday, I'm very sorry about what I said to you. I didn't mean to hurt your feelings, but I couldn't control myself. Please understand I said all those things because I care about you so much. I don't know how I can make it up to you, but if you hear this message and still want to talk to me, please give a call.

❹ 直した英文を見ながらポーズなしの音声を聞こう！

❺ ネイティブスピーカーになりきって音読しよう！

Hi, / how's it going? / About yesterday, / I'm very
こんにちは　　調子はどう？　　　　昨日は　　　　　　本当にごめん

sorry / about what I said / to you. / I didn't mean to
なさい　　私の言ったことについて　　あなたに　　傷つけるつもりはな

hurt / your feelings, / but I couldn't control myself. /
かった　あなたの気持ちを　　　でも自分をコントロールできなかった

Please understand / I said all those things /
わかってください　　　　私があんなことをすべて言った

because I care about you / so much. / I don't know /
なぜならあなたを心配しているから　　とても　　　　わかりません

how I can make it up to you, / but if you hear this
どうあなたに償えるか　　　　　でも、このメッセージを

message / and still want to talk to me, / please give
聞いたら　　そしてまだ私と話したかったら　　　　電話をくだ

a call.
さい

❻ ナチュラルスピードの音声を聞いてみよう！

耳レッスン 7 脱落

弱く聞こえる部分を見抜こう！

➡ さまざまなケースをていねいに学ぼう！

ナチュラルスピードになると消える音

CD 1-50

　ゆっくりハッキリと、単語単位で発音されていたときには確かにあった音が、ナチュラルスピードで聞くとなくなってしまった！ そんな現象が、英語では頻繁に起こります。

　例えばGood job.という英語を聞いたとき、「グッド、ジョブ」ではなく、「グッジョブ」のように聞こえます。goodという単語の語尾の[d]の音がほとんど聞こえなくなってしまうのです。このように音単位でも、単語単位でも、非常に弱く発音されたり、ほとんど発音されなかったりする部分があります。

音が省かれるさまざまな理由

公式 12

　どんな言語でも、速く話されれば話されるほど、大切でなく、わかりきっている部分は弱く読まれます。抑揚の強い英語の場合は、特にこの現象が顕著です。例えば、It's surprising to see you here.という文では、速く話されれば話されるほど、It'sやtoなどの特に意味を持たない部分は弱く発音され、非常に速く言われた場合にはほ

> 音が消えるのには
> いろいろな理由があります。
> そして速く読まれれば
> 読まれるほど、
> 大胆に消えちゃいます。

とんど聞こえなくなってしまいます。

　また、Put them.のような表現では、速く言われると、themの語頭の[ð]という発音が脱落して、「プッツム」のように聞こえます。日本語の「もうイヤだ」が「もうヤだ」になるような感じですね。

　このように、発音する場合には、さまざまな音が省かれます。ここでは、そのような音が省かれる表現をていねいに練習していきましょう。

短い文でトレーニング！

❶ 音声を聞いて空欄に入る英文を書き取ろう！

1. Please _____ .

2. _____ bring you _____ ?

3. _____ myself first.

4. Please _____ and have _____ .

5. Could you _____ _____ about this camera?

❷ 答え合わせをして自分の弱点を知ろう！

1. Please give me a break.
（いいかげんにしてくださいよ）
ポイント！ give の語尾の子音[v]が弱くなり、ほとんど聞こえなくなります。

2. Shall I bring you some more cake?
（ケーキをもう少しお持ちしましょうか？）
ポイント！ some の[m]の音が弱くなり、「サモア」のように聞こえます。

☐ cake　　　[kéik]　　　名ケーキ

3. Let me introduce myself first.
（まず自己紹介をさせてください）
ポイント！ introduce oneself は「自己紹介をする」という意味の、よく使う熟語です。

☐ introduce　[ìntrədjúːs]　動紹介する

4. Please sit down and have some hot tea.
（ここに座って、温かい紅茶をお召し上がりください）
ポイント！ hot の[t]の音が弱くなり「ハッティー」のように聞こえます。

☐ hot　　　[hát]　　　形温かい

5. Could you give me some more information about this camera?
（このカメラについて、もう少し説明していただけませんか？）
ポイント！ Could you V? は「Vしていただけますか」という意味でていねいにお願いする場合に使われる表現です。

☐ information [ìnfərméiʃən] 名情報　　☐ camera [kǽmərə] 名カメラ

---

❸ 音声のあとについて5回以上音読しよう！　CD 1-51

❹ ポーズなしの音声を5回以上聞こう！　CD 1-52

長い文にチャレンジ！

❶ 音声を聞いて空欄に入る英文を書き取ろう！

I saw _____ . You know _____

Bob was single because _____ he _____

and _____ girlfriends. But _____

driving yesterday, I saw him _____

and _____ . He _____

were _____ , and I saw Bob _____

woman. They sure looked like _____

_____ . So I _____ him.

❸ **内容が理解できているかチェックしよう！**

【日本語訳】

> 私、おかしなものを見てしまいました。ボブは、自分のことを1人暮らしで恋人がいると言っていたので、てっきり独身だと思っていたのですが、昨日、車を運転中に、彼が女性と2人の小さな子供と一緒にいるところを見てしまったのです。彼は子供たちと手をつなぎ、女性にキスしていました。まさに幸せなファミリーそのもの。だから彼には気をつけようと思います。

【チェックポイント】

- ☐ **strange**　【stréindʒ】　形 変な
- ☐ **single**　【síŋgl】　形 独身の
- ☐ **hold hands**　　　手を握る
- ☐ **sure**　【ʃúər】　副 ほんとうに

ひとくちメモ

発音の練習をする場合に、ある程度スペリングを意識することは大切ですが、some more などの表現を練習する場合には、書き言葉の先入観が邪魔になってしまうこともありますから気をつけましょう。

❷ 自分が書いた英文と照合しよう！

I saw something strange. You know I thought Bob was single because he said he lives alone and has had girlfriends. But when I was driving yesterday, I saw him with a woman and two small kids. He and the kids were holding hands, and I saw Bob kiss the woman. They sure looked like one happy family. So I would be careful of him.

❹ 直した英文を見ながらポーズなしの音声を聞こう！

❺ ネイティブスピーカーになりきって音読しよう！

I saw something strange. / You know / I thought /
　私はおかしなものを見ました　　あなたは知っている　私は思いました

Bob was single / because he said / he lives alone /
　ボブは独身だった　　　なぜなら彼が言っていた　　彼は1人暮らし

and has had girlfriends. / But when I was driving /
　そして恋人がいる　　　　　　　でも私が運転していたとき

yesterday, / I saw him / with a woman / and two
　昨日　　　私は彼を見ました　女性と一緒に　　そして2人の

small kids. / He and the kids / were holding hands, /
　小さな子供　　彼と子供たちは　　　　手をつないでいた

and I saw Bob / kiss the woman. / They sure looked
　そして私はボブを見ました　女性にキスしているのを　彼らは確かに見え

like / one happy family. / So I would be careful / of
　ました　幸せなひとつの家族に　　　だから私は気をつけます

him.
彼に

❻ ナチュラルスピードの音声を聞いてみよう！

耳レッスン 8 口語短縮
gonnaやwannaを聞き取ろう！

> 知らないと聞き取れないので覚えてしまおう！

アメリカの日常生活では不可欠な表現

　アメリカ口語英語では、よくI am going to ～という未来形の表現を、I'm gonna ～と表現することがあります。また、I want to ～をI wanna ～と表現することもあります。これらはあくまでも書き言葉では使われない、くだけた口語表現です。

　gonnaやwannaは公式の場ではあまり使われませんが、日常生活では、大統領でも使っているような、大変ポピュラーな言い回しです。英語の教科書には載っていませんが、特にアメリカで英語を聞き取ろうとするならば、これらを知らなければ、かなり苦労することになるでしょう。

　例えば、What do you want to do? が口語のアメリカ英語で言われた場合には、「ワダヤワナドゥ」のようになり、wannaという表現を知らないととても聞き取ることはできません。ここでは、このような口語で使う言い回しについてじっくりと学習しましょう。

安コーチの耳レッスン 基礎編

映画や歌の歌詞だけでなく、大統領の日常会話にもしょっちゅう出てくる口語表現だヨ！

wanna eat

- I am going to 〜 → I'm gonna
- I want to 〜 → I wanna

公式 13

短い文でトレーニング！

❶ 音声を聞いて空欄に入る英文を書き取ろう！

1. What _____ about it?

2. _____ to the concert _____?

3. Are you sure _____ to the meeting?

4. _____ now is just _____.

5. _____ an actor _____ grow _____.

❷ 答え合わせをして自分の弱点を知ろう！

1. What are you gonna do about it?
（それをどうしようと思っているの？）

ポイント！ What are you gonna ～は「ワラヤゴナ」のようにつながって聞こえます。

☐ **gonna** 　　　　　going toの短縮

2. Do you wanna go to the concert with me?
（一緒にコンサートに行かない？）

ポイント！ Do you wanna V?のような表現は、ひとかたまりで使えるようにしましょう。

☐ **wanna** 　　　　　want toの短縮
☐ **concert** [kάnsəːrt] 名 コンサート

3. Are you sure he's gonna come to the meeting?
（彼は集会に来ると本当に思っている？）

ポイント！ be sure (that) S Vは「SがVするのを確信している」という意味です。

4. What I wanna do now is just lie down.
（今したいことは、ただ横になることよ）

ポイント！ 主語のwhat ～は関係代名詞で「～もの、こと」という意味で使われています。

☐ **lie** 　　[lάi] 　　動 横になる　lie - lay - lain

5. I wanna be an actor when I grow up.
（大人になったら俳優になりたい）

ポイント！ この文でのwhenは接続詞で「～とき」という意味で使われています。

☐ **actor** 　[ǽktər] 　名 俳優　　　☐ **grow up** 　　　　　大人になる

---

❸ 音声のあとについて5回以上音読しよう！

❹ ポーズなしの音声を5回以上聞こう！

長い文にチャレンジ！

❶ 音声を聞いて空欄に入る英文を書き取ろう！

_____ , _____ to Jungle House.

First, _____ around the

_____. Please follow me and

_____ the group. Remember to

be _____ the gorilla cage. Today

_____ at the rabbit

farm. If _____ the rabbits, you can

buy a bag of rabbit food there _____ .

❸ 内容が理解できているかチェックしよう！

【日本語訳】

> 少年少女のみなさん、ジャングルハウスにようこそ。まず、動物たちが見られる場所を案内したいと思います。私の後について来てください。集団から離れないように。ゴリラの檻の前では静かにしましょう。今日はウサギの飼育場でしばらく時間をとります。ウサギに餌付けをしたい人は、1袋25セントでウサギの餌が買えます。

【チェックポイント】

- [ ] **jungle** [dʒʌ́ŋgl] 名 ジャングル
- [ ] **animal** [ǽnəməl] 名 動物
- [ ] **exhibit** [igzíbit] 名 展示品
- [ ] **stray** [stréi] 動 はぐれる
- [ ] **gorilla** [gərílə] 名 ゴリラ
- [ ] **cage** [kéidʒ] 名 檻
- [ ] **rabbit** [rǽbit] 名 ウサギ
- [ ] **feed** [fíːd] 動 餌を与える feed - fed - fed

ひとくちメモ

特にアメリカ人は普段の生活で、本当によくwannaやgonnaを使います。私が学生の頃にはこのような表現を学ぶ教材はほとんどなかったので、映画を見たり、旅行したりしたときには大変苦労しました。みなさんはここでしっかり練習しておけばそのような苦労をしなくて済みますね。

❷ 自分が書いた英文と照合しよう！

Boys and girls, welcome to Jungle House. First, I'm gonna take you around the animal exhibits. Please follow me and don't stray away from the group. Remember to be quiet in front of the gorilla cage. Today we're gonna stop for a while at the rabbit farm. If you wanna feed the rabbits, you can buy a bag of rabbit food there for a quarter.

❹ 直した英文を見ながらポーズなしの音声を聞こう！

❺ ネイティブスピーカーになりきって音読しよう！

Boys and girls, / welcome to Jungle House. / First, /
少年少女のみなさん　　　ジャングルハウスにようこそ　　　まず

I'm gonna take you / around the animal exhibits. /
あなたたちを連れていきます　　動物が見られる場所のあたりを

Please follow me / and don't stray away / from the
私について来てください　　そして離れないように　　　集団

group. / Remember to be quiet / in front of the
から　　静かにしていることを覚えておいて　　　ゴリラの

gorilla cage. / Today we're gonna stop / for a while /
檻の前で　　　　　今日は止まります　　　しばらくの間

at the rabbit farm. / If you wanna feed the rabbits, /
ウサギの飼育場で　　　　ウサギに餌をやりたければ

you can buy / a bag of rabbit food there / for a
買えます　　　そこでウサギの餌の入った袋を

quarter.
25セントで

❻ ナチュラルスピードの音声を聞いてみよう！

耳レッスン 9 変化

変わる音を聞き取ろう！

➡ ちょっとやっかいだが繰り返して慣れよう！

連結したうえに変化する音

"音が変わる"……それだけを聞くとピンとこないかもしれませんね。つながる音については、レッスン6で勉強しましたが、これはその発展版とでもいう感じでしょうか。

例えば、Get out.という表現は「ゲット・アウト」ではなく、「ゲッラウト」と聞こえます。単語と単語がつながるだけでなく、音の変化が生じているのです。

getという単語の語尾の[t]という音が次のoutという単語の先頭の母音の[a]という音につながるときに、[r]のような音に変化してしまうのです。

そして、have to ～という表現は「ハフタ」のように発音されます。

また、kind of ～という表現は「カインダ（ヴ）」のように聞こえます。速く読まれた場合は時に「カインナヴ」のように聞こえ、kindの語尾の[d]の音がまるで[n]という音のように聞こえることもあります。

ここでの学習のポイントは、このようなつながって音が変化する現象に強くなることです。ちょっとやっかいですが、何度も繰り返し聞いて耳になじませていきましょう。

安コーチの耳レッスン 基礎編

> これをクリアすると、あなたの耳は一段と大きくなって…じゃなく、大きく英語に向かって開いていくでしょう！

公式14

| 語尾の[t]＋母音 | → | [r]のような音に変化してつながる |

例：get out → 「ゲッ**ラ**ウト」

| haveの[v]＋to | → | [f]のような音に変化してつながる |

| hasの[z]＋to | → | [s]のような音に変化してつながる |

短い文でトレーニング！

❶ 音声を聞いて空欄に入る英文を書き取ろう！ (CD 1-63)

1. You _____ do it _____.

2. _____ the room now.

3. He _____ his mother _____.

4. _____ that is!

5. _____ today.

❷ 答え合わせをして自分の弱点を知ろう！

1. You have to do it right away.
（あなたはすぐにそれをしなくてはいけません）

ポイント！ rightの語尾の音が[r]のようになり、「ライラウェ」と聞こえます。

- [ ] **have to V**　　　Vしなければならない
- [ ] **right away**　　すぐに

2. Get out of the room now.
（すぐに部屋を出なさい）

ポイント！ getの語尾の音が[r]のようになり、「ゲラウッ」と聞こえます。

3. He has to call his mother once in a while.
（彼はときどき母親に電話しなくてはいけません）

ポイント！ has toは「ハズトゥ」ではなく「ハスツゥ」と発音されます。

- [ ] **once in a while**　ときどき

4. What an interesting story that is!
（なんて面白い話なのでしょう！）

ポイント！ What a 形容詞＋名詞! は「何と〜な…」という意味の感嘆文です。

5. It's kind of chilly today.
（今日はなんとなく肌寒いですね）

ポイント！ kind ofは副詞の働きをし「いくぶん」という意味になります。

- [ ] **chilly** [tʃíli]　　　形 肌寒い

❸ 音声のあとについて5回以上音読しよう！　CD 1-63

❹ ポーズなしの音声を5回以上聞こう！　CD 1-64

長い文にチャレンジ！

❶ 音声を聞いて空欄に入る英文を書き取ろう！

_____ hits, get _____

_____ a desk. _____ the _____

to stop, and if you _____, please find

a piece of cloth,_____

and _____ immediately. _____

the _____ and the _____ are crowded,

never _____ you,

as that _____ .

❸ 内容が理解できているかチェックしよう！

【日本語訳】

> 地震が起きたら、すぐに机の下に潜ってください。揺れがおさまるのを待ち、煙の臭いがしたら、布切れを見つけて口を覆い、すぐに部屋を後にしてください。廊下や階段が混み合っていても、決して前の人を押したりしないようにしましょう。とても危険です。

【チェックポイント】

- ☐ earthquake [ə́:rθkwèik] 名 地震
- ☐ immediately [imí:diətli] 副 すぐに
- ☐ cloth [klɔ́:θ] 名 布
- ☐ mouth [máuθ] 名 口
- ☐ corridor [kɔ́:ridər] 名 廊下
- ☐ staircase [stɛ́ərkèis] 名 階段
- ☐ crowded [kráudid] 形 混み合った
- ☐ extremely [ikstrí:mli] 副 極度に
- ☐ dangerous [déindʒərəs] 形 危険な

ひとくちメモ

本書の説明では、便宜上カタカナを使っている箇所も多いのですが、日本語のカタカナと英語の音はどれも微妙に違っています。ですから、あくまでもカタカナは参考として使い、ＣＤの音声を最優先にして、まねて発音してみてくださいね。

❷ 自分が書いた英文と照合しよう！

When an earthquake hits, get immediately under a desk. Wait for the quake to stop, and if you smell smoke, please find a piece of cloth, put it over your mouth and leave the room immediately. Even if the corridors and the staircases are crowded, never push the person in front of you, as that can be extremely dangerous.

❹ 直した英文を見ながらポーズなしの音声を聞こう！

❺ ネイティブスピーカーになりきって音読しよう！

When an earthquake hits, / get immediately under a
　地震が起きたら　　　　　　　すぐに机の下に潜ってください

desk. / Wait for the quake to stop, / and if you smell
　　　　揺れが止まるのを待ちなさい　　　そして煙の臭いが

smoke, / please find a piece of cloth, / put it over
したら　　　　布切れを見つけてください　　　　それで

your mouth / and leave the room / immediately. /
口を覆い　　　　部屋を離れてください　　　　すぐに

Even if the corridors and the staircases / are
　　　　　例え廊下や階段が

crowded, / never push the person / in front of you, /
混んでいても　　決して人を押さないで　　　あなたの前の

as that can be / extremely dangerous.
なぜならそれは違いない　　とても危険

❻ ナチュラルスピードの音声を聞いてみよう！

耳レッスン ⑩ 強勢

英語の強弱に慣れよう！

➡ **口だけでなく身体全体で英語に"乗る"！**

強弱が激しい英語。その基本

　英語は日本語に比べて本当に強弱が激しい言語です。この強弱の波に慣れることが聞き取りに強くなる1つのポイントです。比較的フラットな日本語の音声に慣れている私たちは、最初はこの英語の波と波長を合わせるのに苦労します。

　強弱の基本の基本は、当たり前のことですが、大切な部分は強く読まれ、わかりきっている部分は弱く読まれるということです。つなぎ言葉や、文のパーツとしてのみ使われているような部分は、弱く読まれます。

なりきり音読は身体全体を使って！

　さて、このような英語の波に強くなるためには、どうすればよいでしょうか？　やはり音読が重要です。思い切って羞恥心を捨て、自分で実際に内容を意識しながら、ネイティブスピーカーになりきって音読することで次第に波長が合うようになってきます。

　すべての英単語を同じような速度や声の大きさで読もうとせず、ネイティブスピーカーのリズムに合わせて、一緒に読んでみたり、体をゆす

基礎編の仕上げは
ズバリ英語の波乗り！
ほらほら、じーっと
してないで、身体で
リズムをとろう！

　りながら、歌を歌う感覚でウーウーという音を出し、イントネーションだけまねしたりしてみましょう。
　手や体でトントンとリズムをとったり、歩いたりしながらやるのは非常に効果的です。日本語の感覚を捨てて、英語の感覚に「身を任せる」ことが重要なのです。 公式15

短い文でトレーニング！

❶ 音声を聞いて空欄に入る英文を書き取ろう！

1. _____ is _____ .

2. It's _____ that _____ .

3. I have _____ .

4. There is _____ after _____ .

5. As I _____ , I am _____ .

❷ 答え合わせをして自分の弱点を知ろう！

1. What I want is your love.
（私がほしいのはあなたの愛です）

ポイント！ 主語の部分のwhatは関係代名詞で「〜もの、こと」という意味で使われています。

2. It's not I but you that are wrong.
（間違っているのは私ではなくあなたです）

ポイント！ not A but Bは「AではなくてB」という意味の重要表現です。

3. I have never seen a bird like this.
（このような鳥は見たことがありません）

ポイント！ have never + 過去分詞形は「〜したことがない」という意味の現在完了形の表現です。

4. There is nothing like a beer after work.
（仕事を終えた後のビールにまさるものはありませんね）

ポイント！ There is nothing like 〜.は「〜ほどよいものはない」という意味の重要表現です。

☐ **beer** [bíər] 名 ビール

5. As I told you before, I am not the manager here.
（以前にも言ったとおり、私はここの責任者ではありません）

ポイント！ asは接続詞で、「〜ように」という意味で使われます。

---

❸ 音声のあとについて5回以上音読しよう！ 〔CD 1-69〕

❹ ポーズなしの音声を5回以上聞こう！ 〔CD 1-70〕

長い文にチャレンジ！

❶ 音声を聞いて空欄に入る英文を書き取ろう！

_____ might _____

_____, but they are _____

but _____. They _____

gills, so they _____ like fish.

_____ dolphins _____

up to the _____ to _____. They also

_____, but _____ babies

_____ as _____.

❸ 内容が理解できているかチェックしよう！

【日本語訳】

> あなた方の中にはイルカが魚だと思っている人がいるかもしれませんが、実は魚ではなく、われわれと同じ哺乳類です。イルカはえらを持たないため、魚のように水中で息をすることができません。ときどき、水面に顔を出して息を吸わなくてはいけないのです。また、イルカは卵を産むこともなく、人間と非常によく似た出産をします。

【チェックポイント】

- ☐ **dolphin** [dάlfin] 名 イルカ
- ☐ **mammal** [mǽməl] 名 哺乳動物
- ☐ **gill** [gíl] 名 エラ
- ☐ **breathe** [bríːð] 動 息をする
- ☐ **underwater** [ʌ̀ndərwɔ́ːtər] 副 水中で
- ☐ **surface** [sə́ːrfis] 名 水面
- ☐ **lay** [léi] 動 卵を産む　lay - laid - laid
- ☐ **give birth to** 産む

ひとくちメモ

外国語の練習は歌を覚えるための練習と大変よく似ています。上手に歌を歌えるようになるために、私たちは歌手のまねをして歌ったり（リピーティング）、歌手と一緒に歌ったり（シャドウイング）、歌詞カードを見て歌ったり（音読）しますが、外国語の学習の場合もそれと同じことをすればいいのです。

❷ 自分が書いた英文と照合しよう！

Some of you might think dolphins are fish, but they are actually not fish but mammals like us. They don't have gills, so they can't breathe underwater like fish. Once in a while dolphins have to come up to the surface to take in air. They also don't lay eggs, but give birth to babies much the same as humans do.

❹ 直した英文を見ながらポーズなしの音声を聞こう！

安コーチの耳レッスン 基礎編

❺ ネイティブスピーカーになりきって音読しよう！ 🎵CD 1-71

Some of you / might think / dolphins are fish, / but
あなたたちの何人かは　考えているかもしれません　イルカは魚だ　しかし

they are actually not fish but mammals / like us. /
　　　　　実は彼らは魚ではなく哺乳類です　　　　　私たちのように

They don't have gills, / so they can't breathe
　　彼らはえらを持ちません　　　　　　　だから水中で息が

underwater / like fish. / Once in a while / dolphins
できません　　　魚のように　　　ときどき　　　　イルカは

have to come up to the surface / to take in air. /
　水面に上がってこなくてはいけません　　　　空気を吸いに

They also don't lay eggs, / but give birth to babies /
　　彼らは卵も産みません　　　　　しかし出産をします

much the same / as humans do.
　　とても似て　　　人間がするように

❻ ナチュラルスピードの音声を聞いてみよう！ 🎵CD 1-73

復習エクササイズ❶

1 音声を聞いて、空欄になっている箇所の英文を書き取りましょう。 🎵 1-75

1. If you can't _____ the _____ , _____ _____ the classroom.

2. _____ such a nice dress?

3. I can't decide _____ for the party.

4. _____ tonight?

5. I'm sure you can _____ .

6. I _____ his mind.

7. _____ the manager _____ ?

8. Please don't _____ .

9. _____ after work today.

10. Don't forget to _____ .

2 次に読まれる英文を聞いて、下記の二つの質問に答えてください。

Passage 1:

Q1: What kind of magic will Mr. Sonic perform this time?

A. Coin magic
B. Card magic
C. General magic
D. Gentle magic

Q2: What is the main purpose of this announcement?

A. To conclude the performance
B. To welcome the customers
C. To introduce Mr. Sonic
D. To introduce coin magic

Passage 2:

Q1: What is the main point of this passage?

A. Encouraging you to speak out
B. Encouraging you to be conscious of other people's eyes
C. Encouraging you to listen carefully to other people
D. Encouraging you to correct your pronunciation

Q2: Why don't native speakers understand what you say sometimes?

A. Because you speak too loudly.
B. Because you are too confident of your pronunciation.
C. Because you are not a native speaker.
D. Because you don't speak out.

3 英文を聞いて、空欄になっている箇所に入る英文を書き取りましょう。

Passage 1:

_____ and _____, _____ for _____ to our _____. We'd like to _____ our _____. He is a _____ in Tokyo, and _____ in _____. He is _____ as a _____ of _____, but _____ he's _____ a lot of _____. _____ his _____. Ladies and gentlemen, please _____ to Mr. Sonic.

Passage 2:

When you _____ a _____,

you should _____ of

_____ . Some _____ are so

_____ that they

will not _____ . _____ , _____

can't understand _____, not because

_____ is _____ but _____

because your _____ is too _____.

So be _____ . The most _____

_____ is that you _____.

解答と解説

1

1. If you can't obey the rules, get out of the classroom. ▶レッスン4、9
（規則に従えないなら、教室から出て行きなさい）
ポイント! get out of ～は「～から出ていく」という意味の熟語です。
- □ obey　[oubéi]　動 従う
- □ rule　[rúːl]　名 規則、ルール

2. Where did you find such a nice dress? ▶レッスン6
（そんなに素敵なドレス、どこで見つけたの？）
ポイント! such a 形容詞 名詞 は「そんなに…な～」という意味です。

3. I can't decide what I'm gonna wear for the party. ▶レッスン8
（パーティに何を着ていくか、まだ決められません）
ポイント! gonna は going to の口語短縮形です。
- □ decide　[disáid]　動 決める

4. What do you wanna eat tonight? ▶レッスン8
（今夜、何が食べたい？）
ポイント! wanna は want to の口語短縮形です。

5. I'm sure you can make it in the exam. ▶レッスン6
（試験は絶対うまくいきますよ）
ポイント! make it は「成功する」「うまくやる」という意味の熟語です。
- □ make it　　うまくいく、成功する
- □ exam　[igzǽm]　名 試験

6. I found it impossible to change his mind.

（彼の決心を変えるのは無理だとわかりました）　▶レッスン1、7

ポイント! このitは形式目的語でto以下の不定詞を指しています。

☐ **impossible** [impάsəbl] 形 不可能な、無理な

---

7. Did you know the manager was married?　▶レッスン6

（部長が結婚してたって知ってました？）

ポイント! Did youはくっついて「ディジュ」のように聞こえます。

---

8. Please don't look at me like that.　▶レッスン6

（そんなふうに私を見ないで）

ポイント! look atはくっついて「ルッカッ」のように聞こえます。

---

9. I'd like to see a movie after work today.　▶レッスン1、2

（今日は仕事の後、映画が観たいです）

ポイント! I'dはI wouldの略です。would like to Vは「Vしたい」という意味になります。

---

10. Don't forget to bring an umbrella.　▶レッスン3、4

（傘を持ってくるのを忘れないでね）

ポイント! forget to Vは「Vし忘れる」という意味の重要構文です。

☐ **bring**　　[bríŋ]　　動 持ってくる
☐ **umbrella**　[ʌmbrélə]　名 傘

2

Passage 1:

Q1: 正解／A

解説

Mr. Sonicは普段はカードマジックで有名だが、今日はコインマジックを行うという内容から、Aが正解だとわかりますね。

設問と選択肢の訳

ミスター・ソニックは今回、どういうマジックを演じるのでしょう。

A. コインマジック
B. カードマジック
C. 一般的なマジック
D. やさしいマジック

Q2: 正解／C

解説

アナウンス全体で、ソニック氏の背景や特技が語られていることから、目的は「ソニック氏を紹介すること」と考えられるので、正解はCですね。

設問と選択肢の訳

このアナウンスの主な目的は何でしょう。

A. パフォーマンスの締めくくり
B. お客様のお出迎え
C. ミスター・ソニックの紹介
D. コインマジックの紹介

文章の訳

みなさま、マジックバーにお越しいただき、ありがとうございます。今日は、当バーのマジシャンを紹介したいと思います。彼は東京でとても有名なマジシャンで、世界でも活躍しています。カードマジックの天才として広く知られていますが、今日はさまざまなコインマジックを披露してくれます。驚くべきパフォーマンスをお楽しみください。みなさま、ミスター・ソニックに温かい拍手をどうぞ。

チェックポイント

- □ **active** [ǽktiv] 形 活躍して、積極的な
- □ **generally** [dʒénərəli] 副 通常、広く、一般に
- □ **genius** [dʒíːnjəs] 名 天才
- □ **amazing** [əméiziŋ] 形 驚くべき
- □ **performance** [pərfɔ́ːrməns] 名 パフォーマンス、演技

Passage 2:

Q1: 正解／A

解説
全体の内容から、読者に他人の目を意識せずに大きな声でハッキリと話すことを求めている文章だとわかります。speak out（ハッキリと大声で話す）という表現を含むAが正解です。

設問と選択肢の訳
この文章の要点は何でしょう。

A. はっきり話すことのすすめ
B. 他人の目を気にすることのすすめ
C. 他人の言うことを注意深く聞くことのすすめ
D. 発音を直すことのすすめ

Q2: 正解／D

解説
本文では、声が小さいことが時折ネイティブスピーカーが理解できない原因だと述べられています。そのことが述べられているDが正解です。

設問と選択肢の訳
ネイティブスピーカーが時折あなたの言うことを理解しないのはなぜでしょう。

A. あたなの話す声が大きすぎるから
B. あなたが発音に自信を持ちすぎているから
C. あなたがネイティブスピーカーではないから
D. あなたが大きな声で話さないから

文章の訳

外国語を話す勉強をするとき、他人の目を気にしないようにしなくてはいけません。学習者の中には発音を気にするあまり、はっきりと言わない人がいます。ネイティブスピーカーがあなたの言っていることが理解できないのは、発音が悪いせいではなく、単に声が小さすぎて聞きとれないことが多いのです。ですから、ぜひ自信を持ちましょう。もっとも大事なことは、コミュニケーションを楽しむことです。

チェックポイント

- **conscious** [kánʃəs] 形 意識する、気にする
- **ashamed** [əʃéimd] 形 恥ずかしがる
- **pronunciation** [prənʌ̀nsiéiʃən] 名 発音
- **speak out** 大声で話す、はっきり言う
- **self-confident** [sèlf kánfədənt] 形 自信のある
- **communication** [kəmjùːnəkéiʃən] 名 コミュニケーション

3

Passage 1: 正解文

Ladies and gentlemen, thank you for coming to our magic bar. We'd like to introduce our magician today. He is a very famous magician in Tokyo, and is active in many countries. He is generally known as a genius of card magic, but today he's gonna show us a lot of coin magic. We hope you all will enjoy his amazing performance. Ladies and gentlemen, please give a warm welcome to Mr. Sonic.

Passage 2: 正解文

When you learn to speak a foreign language, you should try not to be conscious of other people's eyes. Some learners are so ashamed of their pronunciation that they will not speak out. Often, native speakers can't understand what you say, not because your pronunciation is bad but simply because your voice is too small to hear. So be self-confident. The most important thing is that you enjoy communication.

CATCH THE DIFFERENCE! 3 聞き分けに挑戦!!

1st Try 発音記号を見ながらリピートしてみましょう！ 🎧 CD 1-79

1. [sél] — [ʃél]
2. [ráit] — [láit]
3. [hǽt] — [hʌ́t]

2nd Try 英単語を見ながらリピートしてみましょう！ 🎧 CD 1-80

1. sell — shell
2. right — light
3. hat — hut

3rd Try 音声を聞いて、読まれている方の単語をマークしましょう！ 🎧 CD 1-81

1. ☐sell — ☐shell
2. ☐right — ☐light
3. ☐hat — ☐hut

★語句の意味…1. 売る－貝殻　2. 正しい－明るい　3. 帽子－小屋

3rd Tryの答え…1. shell　2. right　3. hut

安コーチの耳レッスン 応用編

基礎編を経て、あなたの耳は英語に向かってかなり"開かれて"きたはずです。
そこで、もう一歩踏み込んでみましょう。
ここからは、例えば空港やホテル、ショッピングや電話などといった
10のシチュエーションを想定した実践的なメニューを用意しました。
それぞれの場面でよく使われる単語や言い回し、そして実際に交わされる
会話でトレーニングすることで、ナマの英語に強い耳を手に入れましょう！

耳レッスン11	自己紹介	110
耳レッスン12	ショッピング	116
耳レッスン13	道案内	122
耳レッスン14	天気	130
耳レッスン15	レストラン	136
耳レッスン16	電話	142
耳レッスン17	教室	150
耳レッスン18	ホテル	156
耳レッスン19	空港	162
耳レッスン20	乗り物	168
	復習エクササイズ②	174
聞き分けに挑戦!	CATCH THE DIFFERENCE! ④⑤⑥⑦⑧	
	128, 129, 148, 149, 184	

耳レッスン 11 自己紹介

「はじめまして。私は……」

さて本書の後半では、場面別に、よく使われる表現の聞き取り練習をしていきます。まず最初は、「紹介」に関する表現について学習しましょう。自己紹介の場面でよく使う単語の練習をしてから、セリフを使った練習に入りましょう。

➡ 音声を聞いて語句を書き取ろう！ (CD 2-2)

1. ☐ _____
2. ☐ _____
3. ☐ _____
4. ☐ _____
5. ☐ _____
6. ☐ _____
7. ☐ _____
8. ☐ _____
9. ☐ _____
10. ☐ _____

ヒント　各単語の発音記号はこれ！

1. ☐ [ìntrədjúːs]　　2. ☐ [ìntrədʌ́kʃən]　　3. ☐ [míːt]　　4. ☐ [stréindʒər]
5. ☐ [hóumtáun]　　6. ☐ [féivərit]　　7. ☐ [fə́ːrst néim]
8. ☐ [fǽməli néim]　　9. ☐ [hǽbi]　　10. ☐ [àkjupéiʃən]

短い文でトレーニング！

❶ 音声を聞いて空欄に入る英文を書き取ろう！

1. _____ Tokyo, _____ .

2. _____ myself.

3. _____ Robert Yoshida.

4. _____ you.

5. _____ , please?

正解 1. introduce 紹介する 2. introduction 紹介 3. meet 会う 4. stranger 見知らぬ人 5. hometown 故郷 6. favorite お気に入りの 7. first name 名前 8. family name 名字 9. hobby 趣味 10. occupation 職業

❷ 答え合わせをして自分の弱点を知ろう！

1. I'm from Tokyo, Japan.
（僕は日本の東京の出身です）
ポイント！ be from ～は「～出身である」という意味の表現です。

2. I'd like to introduce myself.
（自己紹介をします）
ポイント！ would like to V は want to V よりもていねいな表現で「V したい」という意味です。

3. My name is Robert Yoshida.
（僕の名前はロバート吉田です）
ポイント！ My name is ～は「マイネイミズ」のようにつながって聞こえます。

4. Nice to meet you.
（初めまして）
ポイント！ Glad to meet you. と言うこともあります。

5. May I have your name, please?
（お名前を教えていただけますか？）
ポイント！ may は許可を表す助動詞で「～してもいいですか？」という意味で使います。

❸ 音声のあとについて5回以上音読しよう！ [CD 2-3]

❹ ポーズなしの音声を5回以上聞こう！ [CD 2-4]

会話文にチャレンジ！

❶ 音声を聞いて空欄に入る英文を書き取ろう！

Robert: Hi, _____. _____
Robert Yoshida. _____ Tokyo, Japan.
_____ to _____ Central University.

Naomi: Hi, I'm Naomi Ryan. _____
_____ at Central University.

Robert: Oh, _____? _____ the Economics
_____. _____?

Naomi: Wow! _____!
_____ economics, too. Maybe
we'll be in _____ classes.

❸ 内容が理解できているかチェックしよう!

【日本語訳】

> **ロバート**：こんにちは。初めまして。僕の名前はロバート吉田です。日本の東京の出身です。中央大学で学ぶために来ました。
>
> **ナオミ**：こんにちは。私はナオミ・ライアンです。同じく中央大学の学生です。
>
> **ロバート**：えっ、本当ですか？ 僕は経済学部にいますが、君の専攻は？
>
> **ナオミ**：まぁ！ なんていう偶然！ 私も経済学を勉強しているんですよ。たぶん、何かの授業で一緒になりそうですね。

【チェックポイント】

- ☐ **Economics Department** 　　　　　　経済学部
- ☐ **major** 　　　　　[méidʒər] 　　名 専攻科目
- ☐ **coincidence** 　　[kouínsidəns] 　名 偶然の一致

ひとくちメモ ✏️

このテキストをひと通り練習した後には、実際に自分自身の自己紹介を作ってみることをオススメします。このレッスンで勉強した単語や表現を組み合わせて、出身地や趣味などを含んだ、自分自身の紹介文でシミュレーションをしてみてください。

安コーチの耳レッスン 応用編

❷ 自分が書いた英文と照合しよう！

Robert: Hi, / nice to meet you. / My name is
　　　　　こんにちは　　初めまして　　　　　　僕の名前は

Robert Yoshida. / I'm from Tokyo, Japan. /
ロバート吉田　　　　東京出身です　　　日本

I came here / to study at Central University.
ここに来ました　　　　中央大学で勉強するために

Naomi: Hi, / I'm Naomi Ryan. / I'm also a
　　　　　こんにちは　私はナオミ・ライアンです　　私も

student / at Central University.
学生です　　　中央大学の

Robert: Oh, / really? / I'm in the Economics
　　　　　えっ、本当？　　　私は経済学部にいます

Department. / What's your major?
　　　　　　　　君の専攻は？

Naomi: Wow! / What a coincidence! /
　　　　　まぁ　　　　なんていう偶然

I'm studying economics, too. / Maybe / we'll
私も経済学を勉強しています　　　　たぶん　　私たちは

be / in some of the same classes.
いそう　　　いくつか同じ授業に

❹ 直した英文を見ながらポーズなしの音声を聞こう！　CD 2-6

❺ ネイティブスピーカーになりきって音読しよう！　CD 2-5

❻ ナチュラルスピードの音声を聞いてみよう！　CD 2-7

耳レッスン 12 ショッピング

「お支払いは？サイズは？」

ショッピングをするときには、さまざまな物品の名前に加えて、支払い方法やサイズ、そして自分の好みについて店員とやりとりするための表現を学ぶ必要があります。今回はそのような、お店で使う重要表現を勉強しましょう。

➡ 音声を聞いて語句を書き取ろう！ CD 2-8

1. ☐ ....
2. ☐ ....
3. ☐ ....
4. ☐ ....
5. ☐ ....
6. ☐ ....
7. ☐ ....
8. ☐ ....
9. ☐ ....
10. ☐ ....

ヒント　各単語の発音記号はこれ！

1. ☐ [kæʃ]
2. ☐ [trǽvələrz tʃék]
3. ☐ [ríːfʌnd]
4. ☐ [sər]
5. ☐ [məm]
6. ☐ [tʃéindʒ]
7. ☐ [bíl]
8. ☐ [krédit kàːrd]
9. ☐ [kæʃíər]
10. ☐ [inklúːd]

短い文でトレーニング！

❶ 音声を聞いて空欄に入る英文を書き取ろう！

1. _____ use _____ here?

2. _____, sir?

3. Is _____ in the _____?

4. _____ get some _____ for this _____, _____?

5. _____, ma'am?

正解 1. **cash** 現金 2. **traveler's check** トラベラーズチェック
3. **refund** 返金 4. **sir** 男性に対するていねいな呼びかけ
5. **ma'am** 女性に対するていねいな呼びかけ 6. **change** 小銭
7. **bill** 紙幣 8. **credit card** クレジットカード 9. **cashier** レジ
10. **include** 含む

❷ 答え合わせをして自分の弱点を知ろう！

1. Can I use a traveler's check here?
（ここではトラベラーズチェックは使えますか？）

ポイント! トラベラーズチェックを利用する際にはsignature（サイン）を求められます。

2. Will that be all, sir?
（これで全部ですか？）

ポイント! sirは客や目上の男性に対してのていねいな呼びかけの表現です。

3. Is tax included in the price?
（この値段には税金も含まれていますか？）

ポイント! アメリカでの課税の仕方は州によって異なっています。

☐ **tax** [tǽks] 图 税金

4. Could I get some small change for this dollar bill, please?
（ドル札を小銭に両替していただけませんか？）

ポイント! 人にお願いをする場合には、常にpleaseを使うように心がけましょう。

☐ **small change**　　　　小銭
☐ **dollar** [dάlər] 图 ドル（通貨の単位）

5. Can I help you with anything, ma'am?
（何かお手伝いいたしましょうか？）

ポイント! ma'amはmadamの略で客や目上の女性に対してのていねいな呼びかけの表現です。

---

❸ 音声のあとについて５回以上音読しよう！ （CD 2-9）

❹ ポーズなしの音声を５回以上聞こう！ （CD 2-10）

会話文にチャレンジ！

❶ 音声を聞いて空欄に入る英文を書き取ろう！

Clerk: Can I _____, Miss?

Naomi: Yes, _____ to

_____ this _____.

Clerk: OK, I know _____

looking for. _____, Miss. _____

_____ this _____?

Naomi: Well, it _____. _____ is it?

Clerk: _____.

❸ 内容が理解できているかチェックしよう！

【日本語訳】

店員：何かお手伝いいたしましょうか、お客様？
ナオミ：ええ、このシャツに合うジャケットを探しているんですが。
店員：はい。お探しのものがありますよ。お客様、こちらへどうぞ。
　　　こちらの商品はいかがですか？
ナオミ：まぁ、いい感じですね。いくらですか？
店員：154ドルです。

【チェックポイント】

- [ ] **look for**　　　　　　探す
- [ ] **match**　[mǽtʃ]　　動 似合う
- [ ] **shirt**　[ʃə́ːrt]　　名 シャツ

ひとくちメモ

買い物に限らず、海外でのやりとりではハッキリと意思表示をするように心がけましょう。表情や状況から相手の意思を推し量るのは日本だけで、特にアメリカではYesやNoなどの意思表示をハッキリとしないと相手もどうしてよいのかわからず、困ってしまいます。No, thank you.などの便利な表現をしっかりと使いこなしましょう。

❷ 自分が書いた英文と照合しよう！

Clerk: Can I help you / with anything, / Miss?
　　　　　　　手伝いますか　　　　何か　　　　　お客様

Naomi: Yes, / I'm looking for a jacket / to
　　　　　　はい　　ジャケットを探しています

　match this shirt.
　このシャツに合う

Clerk: OK, / I know what you may be looking
　　　　　はい　　　　お探しのものを知っています

　for. / Come this way, Miss. / How about this
　　　　こちらへどうぞ、お客様　　　これはいかが

　one?

Naomi: Well, / it looks nice. / How much is it?
　　　　　　まぁ　　　いい感じ　　　　いくらですか？

Clerk: 154 (one hundred and fifty-four) dollars.
　　　　　　　　　154ドルです

❹ 直した英文を見ながらポーズなしの音声を聞こう！　CD 2-12

❺ ネイティブスピーカーになりきって音読しよう！　CD 2-11

❻ ナチュラルスピードの音声を聞いてみよう！　CD 2-13

耳レッスン ⑬ 道案内

「何キロ先でどっちに曲がる？」

道案内の会話では、目印となるものや方向などを正確に聞き取り、頭の中に映像としてイメージを作る訓練をすることが大切です。ここでは、道案内の会話で大変頻繁に使われる表現をしっかりと覚えてしまいましょう。

➡ **音声を聞いて語句を書き取ろう！** CD 2-14

1. ☐ _____
2. ☐ _____
3. ☐ _____
4. ☐ _____
5. ☐ _____
6. ☐ _____
7. ☐ _____
8. ☐ _____
9. ☐ _____
10. ☐ _____

ヒント 各単語の発音記号はこれ！

1. ☐ [tə́ːrn]
2. ☐ [ráit]
3. ☐ [léft]
4. ☐ [stréit]
5. ☐ [ìntərsékʃən]
6. ☐ [blák]
7. ☐ [ápəzit]
8. ☐ [mís]
9. ☐ [bʌ́s stáp]
10. ☐ [plǽtfɔːrm]

安コーチの耳レッスン 応用編

短い文でトレーニング！

❶ 音声を聞いて空欄に入る英文を書き取ろう！ CD 2-15

1. _____ at the _____.

2. It's about a _____ _____.

3. _____ for _____ _____.

4. How long _____ to the _____?

5. The _____ is _____ the _____.

正解 1. **turn** 曲がる　2. **right** 右　3. **left** 左　4. **straight** まっすぐに　5. **intersection** 交差点　6. **block** 区画、ブロック　7. **opposite** ～の反対側に　8. **miss** 見逃す　9. **bus stop** バス停　10. **platform** プラットフォーム

❷ 答え合わせをして自分の弱点を知ろう！

1. Turn right at the next corner.
（次の角を右折してください）

ポイント！ turn rightは「右折する」、turn leftは「左折する」という意味です。

2. It's about a five-minute walk from here.
（ここから歩いて5分くらいです）

ポイント！ この文のwalkは「徒歩」という名詞で使われています。

3. Walk straight for another three blocks.
（あと3ブロックほど直進してください）

ポイント！ アメリカでは道案内をする際にblock（区画）をよく使います。

☐ **straight** [stréit] 副 まっすぐに

4. How long does it take from here to the station?
（ここから駅までどれくらいかかりますか？）

ポイント！ 「時間がかかる」という場合には、itを主語にしてtakeという動詞を使います。

5. The bank is opposite the drugstore.
（銀行は薬局の向かい側にあります）

ポイント！ oppositeは「〜の向かい側に」という意味の前置詞です。

☐ **opposite** [ápəzit] 副 向かい側に
☐ **drugstore** [drʌ́gstɔ̀ːr] 名 薬局

❸ 音声のあとについて5回以上音読しよう！

❹ ポーズなしの音声を5回以上聞こう！

会話文にチャレンジ！

❶ 音声を聞いて空欄に入る英文を書き取ろう！

Ted: How can I _____ Big Apple _____

_____ from here?

Naomi: Well, _____ Fifth Avenue for

_____ until you find a

_____. Then _____

_____ and _____ for

_____. You'll see a _____

_____. That's the

_____. You _____.

Ted: _____ does _____

to _____ from here?

Naomi: Only _____.

❸ **内容が理解できているかチェックしよう！**

【日本語訳】

テッド：ここからビッグアップル旅行代理店まではどのように行けばいい？

ナオミ：えーと、5番街に沿ってあと3ブロックほど進むと、右手に大きな教会が見えるわ。そこを左折してそのまま4ブロックほど直進すると、左手に大きな黄色い看板が見えるはず。それが旅行代理店よ。すぐにわかると思うわ。

テッド：ここからはどれくらいかかる？

ナオミ：10分程度ね。

【チェックポイント】

☐ travel agency　　　　　　旅行代理店
☐ sign　　　　[sáin]　　**名**看板

ひとくちメモ

旅行で外国に行っても、英語を話す機会は意外に少ないものです。しかしせっかくですから、いろいろな人にどんどん話しかけてみましょう。道をたずねるのは話しかけるよいきっかけになりますよ。答えてくれた人へのお礼を忘れないようにしましょうね。

❷ 自分が書いた英文と照合しよう！

Ted: How can I get to / Big Apple travel agency
　　　　　どうしたら着ける？　　　　　　　ビッグアップル旅行代理店

　/ from here?
　　ここから

Naomi: Well, / go along Fifth Avenue / for three
　　　　　 えーと　　5番街に沿って進んで　　　　 あと3

　more blocks / until you find a big church / on
　ブロックほど　　　　　大きな教会を見つけるまで

　your right. / Then make a left / and keep
　右手に　　　　　　　 そこを左折して

　going straight / for about four blocks. / You'll
　直進して　　　　　　4ブロックほど

　see a big yellow sign / on your left. / That's
　大きな黄色い看板が見える　　左手に　　　　 それが

　the travel agency. / You can't miss it.
　旅行代理店です　　　　見逃すはずがありません。

Ted: About how long / does it take / to get
　　　　だいたいどれくらい　　　かかる　　　　そこに

　there / from here?
　着くのに　ここから

Naomi: Only about ten minutes.
　　　　　　　　 10分程度

❹ 直した英文を見ながらポーズなしの音声を聞こう！　CD 2-18

❺ ネイティブスピーカーになりきって音読しよう！　CD 2-17

❻ ナチュラルスピードの音声を聞いてみよう！　CD 2-19

CATCH THE DIFFERENCE 4 — 聞き分けに挑戦!!

1st Try 発音記号を見ながらリピートしてみましょう！ CD 2-21

1. [hʌ́t] — [hát]
2. [fǽt] — [hǽt]
3. [sín] — [θín]

2nd Try 英単語を見ながらリピートしてみましょう！ CD 2-22

1. hut — hot
2. fat — hat
3. sin — thin

3rd Try 音声を聞いて、読まれている方の単語をマークしましょう！ CD 2-23

1. ☐hut — ☐hot
2. ☐fat — ☐hat
3. ☐sin — ☐thin

★語句の意味…1. 小屋－熱い　2. 太った－帽子　3. 罪－薄い

3rd Tryの答え… 1. hut　2. fat　3. thin

CATCH THE DIFFERENCE! 5 聞き分けに挑戦!!

1st Try 発音記号を見ながらリピートしてみましょう! (CD 2-25)

1. [ʃín] — [sín]
2. [pát] — [pǽt]
3. [vét] — [bét]

2nd Try 英単語を見ながらリピートしてみましょう! (CD 2-26)

1. shin — sin
2. pot — pat
3. vet — bet

3rd Try 音声を聞いて、読まれている方の単語をマークしましょう! (CD 2-27)

1. ☐shin — ☐sin
2. ☐pot — ☐pat
3. ☐vet — ☐bet

★語句の意味…1. 向こうずね―罪　2. 鉢、つぼ―軽くたたく　3. 獣医―賭ける

3rd Tryの答え…1. shin　2. pat　3. bet

耳レッスン 14 天気

「曇のち雨 時々晴れ！？」

さて、ここでは天気に関する表現を勉強しましょう。毎日の天気予報の聞き取りは、日常生活では欠かせないものの１つです。耳と手と口と目を総動員して、よく使う表現を覚えてしまいましょう。

➡ **音声を聞いて語句を書き取ろう！** CD 2-28

1. ☐ ＿＿＿＿＿＿＿＿＿＿＿＿＿＿
2. ☐ ＿＿＿＿＿＿＿＿＿＿＿＿＿＿
3. ☐ ＿＿＿＿＿＿＿＿＿＿＿＿＿＿
4. ☐ ＿＿＿＿＿＿＿＿＿＿＿＿＿＿
5. ☐ ＿＿＿＿＿＿＿＿＿＿＿＿＿＿
6. ☐ ＿＿＿＿＿＿＿＿＿＿＿＿＿＿
7. ☐ ＿＿＿＿＿＿＿＿＿＿＿＿＿＿
8. ☐ ＿＿＿＿＿＿＿＿＿＿＿＿＿＿
9. ☐ ＿＿＿＿＿＿＿＿＿＿＿＿＿＿
10. ☐ ＿＿＿＿＿＿＿＿＿＿＿＿＿＿

ヒント 各単語の発音記号はこれ！

1. ☐ [wéðər fɔ́:rkæst]　2. ☐ [kláudi]　3. ☐ [hjú:mid]
4. ☐ [digríː]　5. ☐ [séntəgrèid]　6. ☐ [fǽrənhàit]　7. ☐ [hévi réin]
8. ☐ [stɔ́:rm]　9. ☐ [wíndi]　10. ☐ [ʃáuər]

短い文でトレーニング！

❶ 音声を聞いて空欄に入る英文を書き取ろう！

1. It's gonna _____
   _____.

2. _____ is _____.

3. Tomorrow it's _____
   _____ with _____.

4. It's very _____
   _____.

5. Today's _____ will be _____
   _____.

正解
1. weather forecast 天気予報　2. cloudy 曇り
3. humid 湿度が高い　4. degree 度　5. centigrade 摂氏
6. Fahrenheit 華氏　7. heavy rain ひどい雨　8. storm 嵐
9. windy 風が強い　10. shower にわか雨

❷ 答え合わせをして自分の弱点を知ろう！

1. It's gonna clear up this afternoon.
（今日の午後は晴れるでしょう）

ポイント！ 天気を表す場合には主語にitを使います。

---

2. Heavy snow is expected tonight.
（今夜は大雪になるでしょう）

ポイント！ 雨や雪が「ひどい」という場合にはheavyという形容詞を使います。

---

3. Tomorrow it's supposed to be cloudy with occasional showers.
（今日は曇り時々にわか雨の予想です）

ポイント！ be supposed to Vは「Vするということになっている」という意味の熟語表現です。

- ☐ **occasional** [əkéiʒənəl] 形 時々の
- ☐ **shower** [ʃáuər] 名 にわか雨

---

4. It's very hot and humid this time of the year.
（1年のうちこの時期はとても暑く、湿気も多い）

ポイント！ 温度や天候状態を表す場合には主語にitを使います。

- ☐ **humid** [hjú:mid] 形 湿気の多い

---

5. Today's high will be 34 degrees centigrade.
（今日の最高気温は34℃の予想です）

ポイント！ highは「最高気温」、lowは「最低気温」という意味の名詞として使われます。

- ☐ **degree** [digrí:] 名 度
- ☐ **centigrade** [séntəgrèid] 形 摂氏の

---

❸ 音声のあとについて5回以上音読しよう！ （CD 2-29）

❹ ポーズなしの音声を5回以上聞こう！ （CD 2-30）

会話文にチャレンジ！

❶ 音声を聞いて空欄に入る英文を書き取ろう！

Ted: Can I _____ to _____ you said _____ gonna _____?

Naomi: _____, you're _____ to come, but the _____ it _____. If it's _____ in the _____, we're gonna _____. _____ me _____ to _____.

Ted: All _____, _____. I _____ it's _____.

❸ 内容が理解できているかチェックしよう！

【日本語訳】

> テッド：君が今週末に行くといっていたピクニック、僕も参加できる？
>
> ナオミ：もちろん、大歓迎よ。でも、天気予報によると雨みたいなの。朝、雨が降っていたら、中止にする予定。とにかく、確認のために土曜の朝、私に電話してくれる？
>
> テッド：了解。ありがとう。晴れることを祈っているよ。

【チェックポイント】

- forecast　　【fɔ́ːrkæst】　名 天気予報
- make sure　　　　　　　確かめる

ひとくちメモ

天気予報は使われる表現が限られているので、一度聞き取れるようになってしまうと、比較的確実に内容を把握することができます。ここでがんばって、毎日の天気予報を英語で聞く習慣をつけてしまうのはどうでしょうか？

安コーチの耳レッスン 応用編

❷ 自分が書いた英文と照合しよう！

Ted: Can I come / to the picnic / you said /
私は行ける？　　　ピクニックに　　君が言った

you're gonna have / this weekend?
君がやる予定でいる　　　　今週末

Naomi: Of course, / you're most welcome to
もちろん　　　　　　大歓迎です

come, / but the forecast says / it might rain. /
　　　　でも天気予報が言っている　　雨が降るだろう

If it's raining / in the morning, / we're gonna
もし雨が降ったら　　朝　　　　　　　中止

call it off. / Anyway / call me Saturday
します　　　　とにかく　　　　土曜の朝に電話を

morning / to make sure.
ください　　確認のために

Ted: All right, / thanks. / I hope / it's gonna be
了解　　　　ありがとう　祈っている　　　晴れる

fine.
ことを

❹ 直した英文を見ながらポーズなしの音声を聞こう！ (CD 2-32)

❺ ネイティブスピーカーになりきって音読しよう！ (CD 2-31)

❻ ナチュラルスピードの音声を聞いてみよう！ (CD 2-33)

耳レッスン 15 レストラン

「予約されてますか？」

外国のレストランでの食事を楽しむには、さまざまなマナーを知ることに加えて、レストラン特有の語句を安心して使いこなせる必要がありますね。海外での楽しい食事を演出するためにしっかりと重要表現を学んでおきましょう。

➡ 音声を聞いて語句を書き取ろう！ （CD 2-34）

1. ☐ ....
2. ☐ ....
3. ☐ ....
4. ☐ ....
5. ☐ ....
6. ☐ ....
7. ☐ ....
8. ☐ ....
9. ☐ ....
10. ☐ ....

ヒント 各単語の発音記号はこれ！

1. ☐ [ɔ́ːrdər]　2. ☐ [típ]　3. ☐ [rèzərvéiʃən]　4. ☐ [ǽpətàizər]
5. ☐ [sǽləd]　6. ☐ [dizə́ːrt]　7. ☐ [stéik]　8. ☐ [wél dʌ́n]
9. ☐ [míːdiəm]　10. ☐ [réər]

短い文でトレーニング！

❶ 音声を聞いて空欄に入る英文を書き取ろう！

1. Can I _____ now?

2. Do you _____?

3. _____ you _____?

4. _____ would you _____?

5. _____ please _____?

正解 1. order 注文　2. tip チップ　3. reservation 予約
4. appetizer 前菜　5. salad サラダ　6. dessert デザート
7. steak ステーキ　8. well-done よく焼いた　9. medium 並み
焼きの　10. rare レアの（生焼けの）

❷ 答え合わせをして自分の弱点を知ろう！

1. Can I take your order now?
（ご注文をお聞きしてもいいですか？）

ポイント！ 注文を受けるという場合にはtakeという動詞を使います。

☐ order　　[ɔ́:rdər]　　名 注文

---

2 Do you have a reservation?
（予約はされていますか？）

ポイント！ アメリカでは多くの場合、レストランには予約が必要です。

☐ reservation　[rèzərvéiʃən]　名 予約

---

3. Would you like some appetizers?
（前菜はいかがですか？）

ポイント！ このように日本よりもウエイターとのやりとりが多いのがアメリカのレストランの特徴です。

☐ appetizer　　[ǽpətàizər]　　名 アペタイザー（食前酒、前菜など）

---

4. How would you like your steak?
（ステーキの焼き方はどういたしましょう？）

ポイント！ ステーキや卵に関して、このようにたずねられます。

☐ steak　　[stéik]　　名 ステーキ

---

5. Could you please pass me the salt?
（塩をとっていただけますか？）

ポイント！ 遠くにある調味料は自分で手を伸ばして無理に取るのではなく、このような表現を使いましょう。

☐ pass　　[pǽs]　　動 手渡す
☐ salt　　[sɔ́:lt]　　名 塩

---

❸ 音声のあとについて5回以上音読しよう！
（CD 2-35）

❹ ポーズなしの音声を5回以上聞こう！
（CD 2-36）

会話文にチャレンジ！

❶ 音声を聞いて空欄に入る英文を書き取ろう！

Ted: _____. _____ now?

Waitress: _____, _____. What _____?

Ted: _____ a chef's _____ and a

_____.

Waitress: _____ your

_____?

Ted: _____, please.

Waitress: _____ for

_____?

Ted: No, _____. _____

_____ of _____.

❸ **内容が理解できているかチェックしよう！**

【日本語訳】

テッド：すみません。注文してもいいですか？
ウェイトレス：はい、どうぞ。何になさいますか？
テッド：シェフ・ステーキとサイドサラダを。
ウェイトレス：ステーキの焼き方はどういたしましょう？
テッド：ミディアムでお願いします。
ウェイトレス：デザートはいかがですか？
テッド：いえ、いりません。コーヒーだけお願いします。

【チェックポイント】

□ order　[ɔ́ːrdər]　動 注文する
□ bring　[bríŋ]　動 持ってくる

ひとくちメモ

How would you like your egg?とたずねられた場合には、「片面焼き」はsunny-side up、「両面焼き」はover easy、「スクランブルエッグ」はscrambled eggと答えましょう。How would you like your steak?とたずねられた場合には、「よく焼いたステーキ」はwell-done、「中間程度に焼いたステーキ」はmedium、「軽くあぶっただけのステーキ」はrareと答えます。

❷ 自分が書いた英文と照合しよう！

Ted: Excuse me. / Can I order now?
  すみません　　　　　今注文してもいい？

Waitress: Yes, sir. / What would you like?
  はい、どうぞ　　　　何にしますか

Ted: I'd like a chef's steak / and a side salad.
  シェフ・ステーキをください　　それからサイドサラダ

Waitress: How would you like / your steak?
  どうしますか　　　　　　　　　ステーキは

Ted: Medium, please.
  ミディアムでお願いします

Waitress: Would you like anything / for dessert?
  何かいかがですか　　　　　　デザートに

Ted: No, thanks. / Just bring me / a cup of coffee.
  いえ、いりません　ただ持ってきて　　コーヒー　　を

❹ 直した英文を見ながらポーズなしの音声を聞こう！ [CD 2-38]

❺ ネイティブスピーカーになりきって音読しよう！ [CD 2-37]

❻ ナチュラルスピードの音声を聞いてみよう！ [CD 2-39]

耳レッスン 16 電話

「どちらさまでしょうか？」

電話でのリスニングは、相手の表情や身振りが見えず、音だけに頼らなければならないという点で、実生活では大変苦労する部分です。また、電話特有の言い回しも多いので、この機会にしっかりマスターしてしまいましょう。

➡ 音声を聞いて語句を書き取ろう！ (CD 2-40)

1. ☐ _____
2. ☐ _____
3. ☐ _____
4. ☐ _____
5. ☐ _____
6. ☐ _____
7. ☐ _____
8. ☐ _____
9. ☐ _____
10. ☐ _____

ヒント　各単語の発音記号はこれ！

1. ☐ [kɔ́:l]　2. ☐ [risí:vər]　3. ☐ [láin]　4. ☐ [rɔ́:ŋ nʌ́mbər]
5. ☐ [lí:v ə mésidʒ]　6. ☐ [hǽŋ ʌ́p]　7. ☐ [kɔ́:l bǽk]
8. ☐ [hóuld ən]　9. ☐ [tɔ́:k tu]　10. ☐ [ǽnsəriŋ məʃí:n]

短い文でトレーニング！

❶ 音声を聞いて空欄に入る英文を書き取ろう！ (CD 2-41)

1. _____ Mr. Yamada, please?

2. May I _____, please?

3. _____ Ted Yamada _____.

4. _____ a _____ ?

5. We're _____. Naomi _____.

正解　1. **call** 電話をかける　2. **receiver** 受話器　3. **line** 回線
4. **wrong number** 間違い電話　5. **leave a message** 伝言を残す
6. **hang up** 電話を切る　7. **call back** 電話をかけ直す
8. **hold on** 電話を切らないで待つ　9. **talk to** 〜と話す
10. **answering machine** 留守番電話

❷ 答え合わせをして自分の弱点を知ろう！

1. Could I talk to Mr. Yamada, please?
（山田さんをお願いできますか？）
ポイント！ talk toやspeak toの直後に相手の名前を続けます。

2. May I ask who's calling, please?
（どちらさまでしょうか？）
ポイント！ callだけで「電話をかける」という意味になります

3. This is Ted Yamada speaking.
（テッド山田と申します）
ポイント！ This is ～ speaking.は「こちらは～です」という意味の電話表現です。

4. Could you hold on a second?
（少々お待ちくださいませ）
ポイント！ secondはもともと「秒」という意味です。

☐ **second** [sékənd] 名 ちょっとの間

5. We're sorry. Naomi is not in right now.
（申し訳ございません。ナオミはただいま席におりません）
ポイント！ be inは「在宅中」「在勤中」、be outは「外出中」という意味です。

☐ **right now** ただ今

❸ 音声のあとについて５回以上音読しよう！　CD 2-41

❹ ポーズなしの音声を５回以上聞こう！　CD 2-42

会話文にチャレンジ！

❶ 音声を聞いて空欄に入る英文を書き取ろう！

Ted: Hello, _____ Ted. _____ Naomi?

Naomi: Hi, Ted. _____?

Ted: Well, I _____ Bob,

and _____ he has _____

to the _____ .

I _____ you

_____ us.

Naomi: _____ for _____ ,

but _____

_____ and _____ .

❸ 内容が理解できているかチェックしよう!

【日本語訳】

テッド：やぁ、テッドだけど、ナオミ？
ナオミ：こんにちは、テッド。どうしたの？
テッド：うん、ボブから電話をもらったんだけど、今夜のバスケットボールの試合のチケットが2枚余ってるんだって。君も一緒に行かないかなと思って。
ナオミ：誘ってくれてありがとう。予定を確認してから折り返し電話するわ。

【チェックポイント】

□ **extra** 【ékstrə】 形 余分の
□ **schedule** 【skédʒuːl】 名 予定

ひとくちメモ

電話でのやりとりには、多くの定型表現が使われます。最初の言葉が理解できれば、安心でき、その後の会話も落ち着いて行うことができるでしょう。このレッスンで学んだ表現を何度も口ずさんで忘れないようにしましょう。

❷ 自分が書いた英文と照合しよう！

Ted: Hello, / this is Ted. / Is this Naomi?
やぁ　　　テッドだ　　　　ナオミ？

Naomi: Hi, Ted. / What's up?
こんにちは、テッド　どうしたの

Ted: Well, / I just got a call / from Bob, / and
えーと　　ちょうど電話をもらった　ボブから

he said / he has two extra tickets / to the
彼が言った　　余りのチケットを2枚持っている

basketball game / this evening. / I just
バスケットボールの試合の　　　今夜　　　ちょっと

wanted to check / if you wanna come / with
確認したかった　　　　　君が来るか　　　僕

us.
たちと

Naomi: Thanks / for inviting me, / but let me
ありがとう　　誘ってくれて　　　でもまず

check my schedule first / and call you back.
私のスケジュールを確認させて　そしてあなたに折り返し電話をする

---

❹ 直した英文を見ながらポーズなしの音声を聞こう！　CD 2-44

❺ ネイティブスピーカーになりきって音読しよう！　CD 2-43

❻ ナチュラルスピードの音声を聞いてみよう！　CD 2-45

CATCH THE DIFFERENCE! 6 聞き分けに挑戦!!

1st Try　発音記号を見ながらリピートしてみましょう！ (CD 2-47)

1. [réi]　—　[léi]
2. [dʌ́g]　—　[dɔ́ːg]
3. [lóu]　—　[lɔ́ː]

2nd Try　英単語を見ながらリピートしてみましょう！ (CD 2-48)

1. ray　—　lay
2. dug　—　dog
3. low　—　law

3rd Try　音声を聞いて、読まれている方の単語をマークしましょう！ (CD 2-49)

1. ☐ray　—　☐lay
2. ☐dug　—　☐dog
3. ☐low　—　☐law

★語句の意味…1. 光線－横たえる　2. dig（掘る）の過去・過去分詞形－犬　3. 低い－法律

3rd Tryの答え…1. ray　2. dug　3. low

CATCH THE DIFFERENCE! 7 聞き分けに挑戦!!

1st Try 発音記号を見ながらリピートしてみましょう！

1. [réin] — [ríŋ]
2. [báut] — [bɔ́ːt]
3. [pléi] — [préi]

2nd Try 英単語を見ながらリピートしてみましょう！

1. rain — ring
2. boat — bought
3. play — prey

3rd Try 音声を聞いて、読まれている方の単語をマークしましょう！

1. ☐rain — ☐ring
2. ☐boat — ☐bought
3. ☐play — ☐prey

★語句の意味…1. 雨－指輪　2. ボート－buy（買う）の過去・過去分詞形
3. 演劇、遊び－えじき

3rd Tryの答え…1. rain　2. boat　3. prey

耳レッスン 17 教室

「今日の授業は ここまで！」

みなさんの中には、海外で短期や長期の留学をするために、リスニングの勉強を始めた方もいらっしゃるのではないでしょうか。ここでは、そんな方々の役に立つ、教室で使うさまざまな表現を学びます。

➡ 音声を聞いて語句を書き取ろう！ CD 2-54

1. ☐ _____
2. ☐ _____
3. ☐ _____
4. ☐ _____
5. ☐ _____
6. ☐ _____
7. ☐ _____
8. ☐ _____
9. ☐ _____
10. ☐ _____

ヒント 各単語の発音記号はこれ！

1. ☐ [blǽkbɔ̀ːrd]　2. ☐ [prəfésər]　3. ☐ [réfərəns búk]　4. ☐ [tʃǽptər]
5. ☐ [əsáinmənt]　6. ☐ [prèpəréiʃən]　7. ☐ [pripέər]
8. ☐ [réiz jər hǽnd]　9. ☐ [ráit dáun]　10. ☐ [əténʃən]

短い文でトレーニング！

❶ 音声を聞いて空欄に入る英文を書き取ろう！ (CD 2-55)

1. ＿＿＿＿＿＿ the ＿＿＿＿ today.

2. ＿＿＿＿＿＿＿＿ I ＿＿＿＿＿＿＿＿＿?

3. Please ＿＿＿＿ the ＿＿＿＿＿＿ the ＿＿＿＿＿＿＿.

4. ＿＿＿ you ＿＿＿＿＿＿＿＿＿, please ＿＿＿＿＿＿＿＿＿.

5. ＿＿＿ you ＿＿＿＿＿＿＿＿＿ ＿＿＿＿＿ for the ＿＿＿＿＿?

正解　1. blackboard 黒板　2. professor 教授　3. reference book 参考図書　4. chapter 章　5. assignment 宿題　6. preparation 予習　7. prepare 予習する　8. raise your hand 挙手する　9. write down 書き取る　10. attention 注意

❷ 答え合わせをして自分の弱点を知ろう！

1. So much for the class today.
（今日の授業はここまでにしましょう）
ポイント！ classには「学級」という意味に加えて「授業」という意味もあります。
☐ so much for〜　　〜はこれで打ち切りとする

2. When should I submit the report?
（レポートはいつ提出すればよいですか？）
ポイント！ shouldという助動詞は「〜すべき」という意味を表します。
☐ submit [səbmít] 動 提出する
☐ report　[ripɔ́ːrt] 名 レポート

3. Please turn in the essay by the weekend.
（週末までに小論文を提出してください）
ポイント！ byは期限を表す前置詞で「〜までに」という意味になります。
☐ turn in　　　　　提出する

4. If you have any questions, please raise your hand.
（何か質問があれば、手を挙げてください）
ポイント！ ifは「〜ならば」という意味の接続詞です。

5. Did you understand your assignment for the next class?
（次の授業までの宿題はわかりましたか？）
ポイント！ assignmentのgという綴りは発音されません。

❸ 音声のあとについて5回以上音読しよう！

❹ ポーズなしの音声を5回以上聞こう！

会話文にチャレンジ！

❶ 音声を聞いて空欄に入る英文を書き取ろう！

Ted: _____ Professor Ford _____ a _____ ?

Naomi: Yes, they say he is _____ , but _____ _____ is _____ .

Ted: So now _____ you _____ ?

Naomi: I think _____ some _____ the _____ . Do you _____ ? I can _____ you _____ .

❸ 内容が理解できているかチェックしよう！

【日本語訳】

> テッド：フォード教授が交通事故に巻き込まれたこと、聞いた？
> ナオミ：ええ、教授は大丈夫らしいけど、午後の授業はお休みよ。
> テッド：じゃあ、君は今日の午後、何をするの？
> ナオミ：図書館で調べ物をしようと思ってるの。一緒に来る？　こ
> 　　　　の図書館がどんなふうになっているか案内するわよ。

【チェックポイント】

- ☐ traffic accident　　　　　　　交通事故
- ☐ cancel　　[kǽnsəl]　動 取り消す
- ☐ research　[ríːsəːrtʃ]　名 調べもの
- ☐ library　　[láibrèri]　名 図書館

ひとくちメモ

アメリカやイギリスに行きさえすれば、リスニングができるようになるというのは誤解ですが、短期留学などを利用して、集中して英語を使ってみるのはよい経験と刺激になります。でも、行ったときだけではなく、日本でも日々勉強することが大切ですよ。

❷ 自分が書いた英文と照合しよう！

Ted: Did you hear / Professor Ford / got into a
聞いた？　　　　　フォード教授が　　　　交通事故に

traffic accident?
巻き込まれた

Naomi: Yes, / they say / he is all right, / but his
ええ　彼らは言っている　彼は大丈夫　　　でも、

class this afternoon / is cancelled.
午後の授業は　　　　　　中止される

Ted: So now / what are you gonna do / this
じゃあ今　　君は何をしようとしているのですか　今日の

afternoon?
午後

Naomi: I think / I'm gonna do some research /
私は考えている　　　　　調べ物をする

in the library. / Do you wanna / come with
図書館で　　　　　あなたは望みますか　　私と一緒に来る

me? / I can show you / how our library
ことを　　　見せてあげる　　　私たちの図書館がどう機能

works.
しているか

❹ 直した英文を見ながらポーズなしの音声を聞こう！　CD 2-58

❺ ネイティブスピーカーになりきって音読しよう！　CD 2-57

❻ ナチュラルスピードの音声を聞いてみよう！　CD 2-59

耳レッスン 18 ホテル

「満室でございます！」

洋の東西を問わず、海外旅行と言えば、ほとんどの場合お世話になる場所がホテル。そこで、このレッスンでは、ホテルでよく使う重要表現を学びましょう。ちょっとした表現を知らないばかりに、トラブルに遭遇しちゃって……なんて事態も避けられると思いますよ。

音声を聞いて語句を書き取ろう！ （CD 2-60）

1. ☐ _____
2. ☐ _____
3. ☐ _____
4. ☐ _____
5. ☐ _____
6. ☐ _____
7. ☐ _____
8. ☐ _____
9. ☐ _____
10. ☐ _____

ヒント　各単語の発音記号はこれ！

1. ☐ [frʌ́nt désk]　2. ☐ [dipázit]　3. ☐ [séif]　4. ☐ [túər désk]
5. ☐ [lábi]　6. ☐ [sékənd flɔ́ːr]　7. ☐ [wéik ʌ̀p kɔ́ːl]
8. ☐ [réit]　9. ☐ [rúːm sə́ːrvis]　10. ☐ [tʃékàut táim]

安コーチの耳レッスン 応用編

➡ 短い文でトレーニング！

❶ 音声を聞いて空欄に入る英文を書き取ろう！ 🎧 2-61

---

1. Can I _____ the _____ ?

2. _____ for _____ morning.

3. _____ for _____ tonight.

4. _____ and _____ ?

5. _____ to _____ the _____ ?

正解 1. **front desk** フロント　2. **deposit** 預かり金　3. **safe** 金庫
4. **tour desk** ツアーデスク　5. **lobby** ロビー　6. **second floor** 2階（イギリス英語では3階）
7. **wake-up call** モーニングコール　8. **rate** 料金
9. **room service** ルームサービス　10. **checkout time** チェックアウトの時間

❷ 答え合わせをして自分の弱点を知ろう！

1. Can I have the key to my room?
（部屋の鍵をいただけますか？）
ポイント! 「〜の鍵」は key to 〜 と表現されます。

2. I'd like a wake-up call for 7:00(seven) tomorrow morning.
（明朝7時にモーニングコールをお願いします）
ポイント! I'd like 〜. は「〜をお願いします」という意味の重要表現です。

3. I'd like to make a reservation for a room tonight.
（今夜、1室予約したいのですが）
ポイント! I'd like to V. は「Vしたい」という意味の重要表現です。

☐ make a reservation　予約をする

4. Could I borrow a hair dryer and an extension cord?
（ヘアドライヤーと延長コードをお借りできますか？）
ポイント! 移動可能な物品を無料で借りる場合には borrow という動詞を使います。

☐ extension [iksténʃən] 名 延長
☐ cord　　　[kɔ́ːrd]　　名 コード

5. What number should I dial to call the front desk?
（フロントにかけるには何番をダイヤルすればいいですか？）
ポイント! 日本語の「フロント」では通じません。英語では front desk です。

---

❸ 音声のあとについて5回以上音読しよう！　[CD 2-61]

❹ ポーズなしの音声を5回以上聞こう！　[CD 2-62]

会話文にチャレンジ！

❶ 音声を聞いて空欄に入る英文を書き取ろう！ 🎧 CD 2-63

Ted: Hi, I _____, but

_____ tonight?

Clerk: Well, _____ our _____

are _____, but we have _____

_____.

Ted: _____ the _____ the _____?

Clerk: _____ it's _____,

but if you're _____ , it's _____

_____, _____ an _____

10 _____.

159

❸ 内容が理解できているかチェックしよう！

【日本語訳】

テッド：こんにちは。予約していないのですが、今夜、部屋は空いていますか？

クラーク：えーと、シングルルームは満室ですが、ツインルームでしたら1室ご用意できます。

テッド：ツインルームはいくらですか？

クラーク：通常は1泊120ドルですが、お1人でお泊りの場合は1泊90ドルプラス10％の税金となります。

【チェックポイント】

- ☐ reservation [rèzərvéiʃən] 名 予約
- ☐ book [búk] 動 予約する
- ☐ rate [réit] 名 料金
- ☐ additional [ədíʃənl] 形 追加の
- ☐ tax [tǽks] 名 税金

ひとくちメモ

日本人はよくホテルやレストランでtip（チップ）を忘れてしまいがちですが、荷物を持ってもらった場合には1個1ドル、ベッドメイキングも1回1ドル以上を目安に、忘れないようにしましょう。チップはあくまでも「気持ち」の表現なので、サービスに応じて額を増減します。

安コーチの耳レッスン 応用編

❷ 自分が書いた英文と照合しよう！

Ted: Hi, / I don't have a reservation, / but are
こんにちは　　　予約をしていない　　　　　　　　　でも

there any rooms available / for tonight?
空室はありますか　　　　　　　　　今夜

Clerk: Well, / all our single rooms / are fully
えーと　　　シングルルームはすべて　　　　予約で

booked, / but we have / one twin room
埋まっています　でもあります　　　ツインルームの空室が

available.
1室

Ted: What's the rate / for the twin room?
料金はいくらですか　　　　　ツインルームで

Clerk: Usually / it's 120 (a hundred twenty) dollars a
通常　　　　　　1泊120ドルです

night, / but if you're staying alone, / it's 90
　　　　　　　でも1人で泊まるなら　　　　1泊

dollars a night, / plus an additional 10
90ドルです　　　　　　　　追加で10%

percent / for tax.
　　　　　税として

❹ 直した英文を見ながらポーズなしの音声を聞こう！ CD 2-64

❺ ネイティブスピーカーになりきって音読しよう！ CD 2-63

❻ ナチュラルスピードの音声を聞いてみよう！ CD 2-65

耳レッスン 19 空港

「申告するものはありますか？」

長時間のフライトのあとであっても時差ボケになっていても、海外に到着すれば必ずくぐり抜けなければならない"第一の難関"が、空港での入国手続きです。ここでは、空港でのさまざまな場面で登場する単語や表現を聞き取る練習をしましょう。

➡ 音声を聞いて語句を書き取ろう！ （CD 2-66）

1. ☐ _____
2. ☐ _____
3. ☐ _____
4. ☐ _____
5. ☐ _____
6. ☐ _____
7. ☐ _____
8. ☐ _____
9. ☐ _____
10. ☐ _____

ヒント　各単語の発音記号はこれ！

1. ☐ [diklíər]　2. ☐ [pǽspɔːrt]　3. ☐ [bɔ́ːrdiŋ pǽs]　4. ☐ [bǽgidʒ kléim]
5. ☐ [sáitsìːiŋ]　6. ☐ [sikjúərəti tʃék]　7. ☐ [iməgréiʃən]
8. ☐ [kʌ́stəmz]　9. ☐ [métl ábdʒikt]　10. ☐ [tʃék in káuntər]

安コーチの耳レッスン 応用編

短い文でトレーニング！

❶ 音声を聞いて空欄に入る英文を書き取ろう！

1. _____ are you _____ now?

2. _____ the _____?

3. _____ and _____?

4. Do you _____ the _____?

5. Do you _____?

正解
1. **declare** 申告する　2. **passport** パスポート　3. **boarding pass** 搭乗券
4. **baggage claim** 手荷物引き渡し所　5. **sightseeing** 観光
6. **security check** 保安検査　7. **immigration** 入国　8. **customs** 税関
9. **metal object** 金属の物体　10. **check-in counter** チェックインカウンター

❷ 答え合わせをして自分の弱点を知ろう！

1. How much cash are you carrying with you now?
（今、手持ちの現金はいくらですか？）

ポイント！ have ~ with 人 は「~を携帯している」という意味になります。

☐ **cash** [kǽʃ] 名現金

2. What's the purpose of your visit?
（訪問の目的は何ですか？）

ポイント！ この文でのvisitは「訪問」という意味の名詞として使われています。

☐ **purpose** [pə́ːrpəs] 名目的

3. Could I see your passport and boarding pass?
（パスポートと搭乗券を見せていただけますか？）

ポイント！ パスポートという単語のアクセントに注意しましょう。

4. Do you know where the baggage claim area is?
（手荷物引渡し所の場所はどこかご存じですか？）

ポイント！ Do you know where ~ is?はよく使う表現なので丸ごと覚えておきましょう。

☐ **area** [ɛ́əriə] 名場所

5. Do you have anything to declare?
（何か申告するものはありますか？）

ポイント！ 税関での課税品の申告の際に使われる表現です。

☐ **declare** [diklɛ́ər] 動申告する

---

❸ 音声のあとについて５回以上音読しよう！　(CD 2-67)

❹ ポーズなしの音声を５回以上聞こう！　(CD 2-68)

安コーチの耳レッスン 応用編

会話文にチャレンジ！

❶ 音声を聞いて空欄に入る英文を書き取ろう！

Ted: _____, _____. Can I _____

_____?

Clerk: Yes, _____. _____

_____ and _____?

Ted: _____.

Clerk: Do you _____ to _____?

Ted: Well, I _____. Can I

_____ the _____?

Clerk: Sure. Here's _____. The

_____ is _____. _____

_____ the _____

_____, please.

❸ 内容が理解できているかチェックしよう！

【日本語訳】

テッド：すみません、ここでチェックインはできますか？
係員：はい、できます。パスポートとチケットをお見せください。
テッド：これです。
係員：チェックインする荷物はありますか？
テッド：えーと、このバックだけなのですが、機内に持ち込めますか？
係員：大丈夫です。これが搭乗券です。49番ゲートでの搭乗となります。私のちょうど後ろにあるセキュリティーチェックをお進みください。

【チェックポイント】

☐ Here you are. 　　こちらです、これです

☐ proceed　　[prəsíːd]　動 進む

ひとくちメモ

入国審査では、ハッキリと重要な事項だけを端的に伝えましょう。余計なことをいろいろと話して会話の練習をしようとすると、怪しまれたり、いやがられたりしてしまうので（私がそうでした）、会話の練習は入国してからのお楽しみです。

❷ 自分が書いた英文と照合しよう！

Ted: Excuse me, ma'am. / Can I check in here?
すみません　　　　　　ここでチェックインはできますか

Clerk: Yes, sir. / Could I have your passport / and
はい、できます　　パスポートを見せてくれますか　　それから

ticket?
チケットを

Ted: Here you are.
これです

Clerk: Do you have any baggage / to check in?
荷物を持っていますか　　　チェックインをする

Ted: Well, I just have this bag. / Can I carry it / onto
えーと、このバッグだけ持っています　これは持って行けますか

the plane?
機内に

Clerk: Sure. / Here's your boarding pass. / The plane
もちろん　　　これが搭乗券です　　　　　飛行機に

is boarding / at Gate 49. / Just proceed / through
搭乗します　　49番ゲートで　　進んでください　セキュリティー

the security check / right behind me, / please.
チェックを通って　　　私のちょうど後ろにある　　どうぞ

❹ 直した英文を見ながらポーズなしの音声を聞こう！　CD 2-70

❺ ネイティブスピーカーになりきって音読しよう！　CD 2-69

❻ ナチュラルスピードの音声を聞いてみよう！　CD 2-71

耳レッスン 20 乗り物

「そこで乗り換えてください」

最後は乗り物。「うわ大変！ 海外旅行で迷子に!!」なんて事件を起こさないためにも、正確な聞き取りが要求される場面です。ネイティブスピーカーのあとについて何度もまねをして、英文を全部覚えるくらいまで勉強してください。

➡ 音声を聞いて語句を書き取ろう！ (CD 2-72)

1. ☐ _____
2. ☐ _____
3. ☐ _____
4. ☐ _____
5. ☐ _____
6. ☐ _____
7. ☐ _____
8. ☐ _____
9. ☐ _____
10. ☐ _____

ヒント 各単語の発音記号はこれ！

1. ☐ [trǽnsfər]
2. ☐ [kǽb]
3. ☐ [iksprés tréin]
4. ☐ [əráivəl]
5. ☐ [diléi]
6. ☐ [fláit əténdənt]
7. ☐ [áil síːt]
8. ☐ [wíndou síːt]
9. ☐ [gét af ðə tréin]
10. ☐ [gét an ə bʌ́s]

安コーチの耳レッスン 応用編

短い文でトレーニング！

❶ 音声を聞いて空欄に入る英文を書き取ろう！ CD 2-73

1. _____ it _____ to get to the _____ ?

2. _____ at the _____ and _____ the _____ .

3. _____ a _____ here and at the _____ .

4. _____ is the _____ to Central City.

5. We'll _____ a _____ at the _____ .

正解
1. **transfer** 乗り換える　2. **cab** タクシー　3. **express train** 急行列車　4. **arrival** 到着　5. **delay** 遅延　6. **flight attendant** 客室乗務員　7. **aisle seat** 通路側の席　8. **window seat** 窓際の席　9. **get off the train** 電車を降りる　10. **get on a bus** バスに乗る

169

❷ 答え合わせをして自分の弱点を知ろう！

1. How long does it take to get to the beach by bus?
（ビーチまではバスでどのくらいかかりますか？）
　ポイント！　How long does it take ～?（どれくらい時間がかかりますか）はよく使う表現なので、まとめて覚えておきましょう。

2. Get off at the next stop and take the #3 (number three) bus.
（次の停留所で降り、3番のバスに乗ってください）
　ポイント！　getの語尾は[r]のように変化し、「ゲッロフ」のように聞こえます。

☐ **stop** [stάp] 名 停留所

3. Get on a train here and transfer at the second station.
（ここで列車に乗り、2番目の駅で乗り換えてください）
　ポイント！　getの語尾は[r]のように変化し、「ゲロン」のように聞こえます。

4. This is the express train going to Central City.
（これはセントラル・シティ行きの急行列車です）
　ポイント！　goingは分詞で形容詞のような働きをし、trainを修飾しています。

5. We'll make a brief stop at the next station.
（次の駅で少しの間止まります）
　ポイント！　新幹線の英語アナウンスでよく耳にします。

☐ **brief** [brí:f] 形 短時間の

❸ 音声のあとについて5回以上音読しよう！ (CD 2-73)

❹ ポーズなしの音声を5回以上聞こう！ (CD 2-74)

会話文にチャレンジ！

❶ 音声を聞いて空欄に入る英文を書き取ろう！

Ted: How can I _____ the _____?

Naomi: _____ are _____ to _____

_____. The _____, but _____,

_____ is to _____. If you wanna

save money, you _____ or

_____. _____

the _____ bus _____ to the _____.

If _____ a _____

_____, I _____ you _____.

Ted: _____, I _____ I'm _____

_____.

❸ 内容が理解できているかチェックしよう！

【日本語訳】

> テッド：空港まではどう行ったらいいの？
> ナオミ：いろいろな方法があるわ。いちばん簡単だけどいちばん高いのが、タクシーに乗ること。節約したいならバスか電車ね。バスなら、メイン・バスターミナルから空港まで直行があるけど、もっと快適に移動するなら電車で行くことをおすすめするわ。
> テッド：ありがとう。タクシーに乗ることにするよ。

【チェックポイント】

- ☐ **directly** [diréktli] 副 直行して
- ☐ **comfortable** [kʌ́mfərtəbl] 形 快適な
- ☐ **recommend** [rèkəménd] 動 すすめる

ひとくちメモ

このレッスンの表現をしっかりと勉強して、新幹線や飛行機の英語アナウンスに耳を傾けてみましょう。英語のアナウンスをメモを取りながら聞くと、大変勉強になると思いますよ。何でも勉強に利用してしまう積極性が大切ですね。

安コーチの耳レッスン 応用編

❷ **自分が書いた英文と照合しよう！**

Ted: How can I get / to the airport?
　　　どうしたら着けますか　　空港へ

Naomi: There are several ways / to go there. /
　　　　　いくつか方法があります　　そこに行くには

The easiest, / but most expensive, way / is to
いちばん簡単な　　でもいちばん高い方法は　　　　単に

just take a cab. / If you wanna save money, /
タクシーに乗ることです　　お金を節約したかったら

you should take a bus / or a train. / Buses go
バスに乗るべき　　　　もしくは電車　　バスは直行

directly / from the main bus terminal / to the
する　　　　メイン・バスターミナルから　　　空港

airport. / If you'd like / a more comfortable
まで　　　もしあなたが望むなら　　より快適な移動手段を

ride, / I recommend / you take a train.
　　　　すすめます　　　電車に乗ることを

Ted: Thanks, / I think / I'm just gonna take a
　　　ありがとう　　僕は思う　　　　　　　　タクシーに

cab.
乗る

---

❹ 直した英文を見ながらポーズなしの音声を聞こう！　　CD 2-76

❺ ネイティブスピーカーになりきって音読しよう！　　CD 2-75

❻ ナチュラルスピードの音声を聞いてみよう！　　CD 2-77

復習エクササイズ❷

1 音声を聞いて、空欄になっている箇所の英文を書き取りましょう。

1. _____ a _____ ?

2. _____ , sir?

3. _____ would you _____?

4. Could you _____ the manager?

5. Sorry. She's _____.

6. _____ or _____?

7. Do you know _____ the _____ _____ is?

8. _____ with your sandwich?

9. Do you have _____?

10. Could I _____?

Conversation 1:

Q1: What is the man doing?

A. He is making casual conversation with a friend.
B. He is reserving a flight.
C. He is changing his flight reservation.
D. He is helping the woman with a reservation.

Q2: When will the man probably leave Los Angeles?

A. Tonight.
B. Tomorrow afternoon.
C. Tomorrow morning.
D. Tomorrow evening.

Conversation 2:

Q1: Where does this conversation probably take place?

A. At a dentist's office.
B. At a travel agency.
C. At an airport.
D. In a tour bus.

Q2: What is the woman doing?

A. Having a casual conversation with the man.
B. Checking if the man is a lawful immigrant.
C. Making a hotel reservation for the man.
D. Arranging a return flight for the man.

3 会話を聞いて、空欄になっている箇所に入る英文を書き取りましょう。

Conversation 1:

Man : _____ . _____ Fast Travel?

Woman : Yes. _____ , sir?

Man : _____ to _____ from Los Angeles _____ Seattle. I'd like to leave _____ , _____ .

Woman : _____ ... We have some _____ on the _____ Southwest Airline, and _____ _____ Coast Airline.

Man : _____ the nine o'clock _____ ?

Woman : _____ , _____ . Do you have _____ ?

Man : Yes. _____ have _____ , please?

Woman : _____ . _____ one's _____ .

Conversation 2:

Woman : _____ , please.

Man : Hi.

Woman : Hi. _____ the _____ of _____. May I _____ and _____, please?

Man : Sure. _____.

Woman : _____ the _____?

Man : _____.

Woman : _____ going?

Man : Las Vegas _____ Grand Canyon.

Woman : Do you _____?

Man : Yes, _____ in Las Vegas _____ to _____ in his _____.

Woman : Is he _____?

Man : Yes, he _____ a _____ there.

Woman : Okay, _____. _____.

Man : Thank you. _____.

Woman : _____. _____.

解答と解説

1

1. Would you like a bag? ▶レッスン12
（袋はいかがですか？）
ポイント！ レジの係員がよく客にきく質問です。

2. Is that it, sir? ▶レッスン12
（ご注文は以上ですか？）
ポイント！ That's it.は「それですべてです」という意味の決まり文句です。

3. How would you like your egg? ▶レッスン15
（卵はどのように調理しましょうか？）
ポイント！ sunny-side up（片面焼き）やeasy over（両面焼き）のように答えます。

4. Could you put me through to the manager? ▶レッスン16
（部長をお願いします）
ポイント！ put A through to Bは「Aの電話をBにつなぐ」という意味の重要表現です。

☐ **put through** 電話をつなぐ

5. Sorry. She's not in right now. ▶レッスン16
（申し訳ございませんが、ただいま不在にしております）
ポイント！ be inは「在宅中」「在勤中」、be outは「外出中」という意味です。

6. Eat here or to go? ▶レッスン15
（こちらで召し上がりますか？　お持ち帰りですか？）

ポイント! ファストフード店などでよくされる質問です。

☐ **to go** 　　　　　持ち帰り用の

7. Do you know where the check-in counter is?
（チェックインカウンターはどこかご存じですか？）　　▶レッスン19

ポイント! Do you know where ～ is?（～がどこだかご存じですか）は場所を尋ねる場合に使える便利な表現です。

☐ **check-in counter** チェックインカウンター

8. Would you like something else with your sandwich? ▶レッスン15
（サンドイッチと一緒に何かいかがですか？）

ポイント! Would you like ～?は「～はいかがですか」という意味のよく使う表現です。

9. Do you have any recommendations? ▶レッスン15
（何かおすすめはありますか？）

ポイント! メニュー等で迷った場合にこの表現を使ってみましょう。

☐ **recommendation** [rèkəmendéiʃən] 图 おすすめ、提言

10. Could I try this jacket on? ▶レッスン12
（このジャケットを試着してもいいですか？）

ポイント! try ～ onは「～を試着する」という意味の熟語です。

☐ **try on** 　　　　　試着する

2
Coversation 1:

Q1:正解／B

解説
男性の、I'd like to make a reservation on a flight〜という発言から、彼は乗る飛行便の予約をしているのだとわかります。

設問と選択肢の訳
男性は何をしていますか？
A. 友人とたわいのない会話をしている
B. フライトの予約をしている
C. フライトの予約を変更している
D. 予約をする女性を助けている

Q2:正解／C

解説
男性がtomorrow morningと言っていることから、彼の乗るであろう9時の便は午前発だと考えられます。

設問と選択肢の訳
男性は、いつロサンゼルスを発つことになりそうですか？
A. 今夜　　　　　B. 明日の午後
C. 明日の午前　　D. 明日の夕方

会話文の訳
男性：こんにちは。ファーストトラベルですか？
女性：はい、そうです。ご用件をおうかがいします。
男性：ロサンゼルスからシアトルまでのフライトの予約をお願いします。可能であれば、明朝、出発したいのですが。
女性：少々お待ちください。サウスウエスト航空の9時のフライトであれば空席がございます。コースト航空の10時のフライトにもありますね。
男性：9時のフライトの席を1つお願いできますか？
女性：かしこまりました。お好みの席はございますか？
男性：はい。通路側をお願いできますか？
女性：了解しました。確認いたします。

チェックポイント

- ☐ make a reservation　　　　　予約する
- ☐ Let me see.　　　　　　　　答えがすぐに出ないときなどに「えぇと…」という感じで用いる
- ☐ seat available　　　　　　　空席　※availableは、形 利用できる、在庫がある
- ☐ Certainly.　　　　　　　　　かしこまりました、承知しました
- ☐ seating　　　[síːtiŋ]　　　形 座席の
- ☐ preference　[préfərəns]　　名 好み
- ☐ aisle seat　　　　　　　　　通路側の席

Coversation 2:

Q1:正解／C

解説
旅行の目的や、滞在先を尋ねている会話の内容から、空港での入国審査ではないかと推測できます。

設問と選択肢の訳
この会話はどこで行われていると思われますか？

A. 歯科医院　　B. 旅行代理店
C. 空港　　　　D. 観光バスの中

Q2:正解／B

解説
女性は入国管理官だと考えられますが、入国審査の目的は、入国者が合法的に入国しているかどうかを調べることです。

設問と選択肢の訳
女性は何をしていますか？

A. 男性とたわいのない会話をしている
B. 男性が合法の入国者かどうかを調べている
C. 男性のためにホテルの予約をしている
D. 男性の帰国便の手配をしている

会話文の訳
女性：次の方、どうぞ。
男性：こんにちは。
女性：こんにちは。アメリカ合衆国へようこそ。パスポートと帰りのチケットを見せていただけますか？
男性：はい、これです。
女性：訪問の目的は？
男性：観光です。
女性：どちらに行かれますか？
男性：ラスベガスとグランドキャニオンへ。
女性：滞在場所はありますか？
男性：はい。友人がラスベガスに住んでいるので、彼のアパートに泊まる予定です。
女性：その人も日本人ですか？
男性：はい。彼は地元の旅行会社に勤めています。
女性：わかりました。これで終わりです。よいご旅行を。
男性：ありがとう。よい１日を。
女性：ありがとう。あなたもね。

チェックポイント
☐ **return ticket**　　　　帰国便のチケット
☐ **apartment**　[əpá:rtmənt]　名 アパート

3

Conversation 1: 正解文

Man : Hello. Is this Fast Travel?

Woman : Yes. How may we help you, sir?

Man : I'd like to make a reservation on a flight from Los Angeles to Seattle. I'd like to leave tomorrow morning, if possible.

Woman : Let me see … We have some seats available on the nine o'clock flight of Southwest Airline, and also a ten o'clock flight of Coast Airline.

Man : Could I have one seat on the nine o'clock flight?

Woman : Certainly, sir. Do you have any seating preference?

Man : Yes. Could I have an aisle seat, please?

Woman : All right. Let me check if one's available.

Conversation 2: 正解文

Woman : Next, please.

Man: Hi.

Woman : Hi. Welcome to the United States of America. May I see your passport and your return ticket, please?

Man: Sure. Here you are.

Woman : What's the purpose of your visit?

Man: Sightseeing.

Woman : Where are you going?

Man: Las Vegas and the Grand Canyon.

Woman : Do you have any place to stay?

Man: Yes, a friend of mine lives in Las Vegas and I'm going to stay in his apartment.

Woman : Is he also Japanese?

Man: Yes, he works for a tour company there.

Woman : Okay, that's it. Enjoy your trip.

Man: Thank you. Have a nice day.

Woman : Thanks. You too.

CATCH THE DIFFERENCE! 8 聞き分けに挑戦!!

1st Try 発音記号を見ながらリピートしてみましょう！ CD 2-83

1. [péin] — [pín]
2. [óut] — [ɔ́ːt]
3. [véri] — [béri]

2nd Try 英単語を見ながらリピートしてみましょう！ CD 2-84

1. pain — pin
2. oat — ought
3. very — berry

3rd Try 音声を聞いて、読まれている方の単語をマークしましょう！ CD 2-85

1. ☐pain — ☐pin
2. ☐oat — ☐ought
3. ☐very — ☐berry

★語句の意味…1. 苦痛-ピン　2. オートムギ-〜すべきである　3. とても-ベリー

3rd Tryの答え…1. pain 2. oat 3. berry

これだけは覚えよう！発音のまとめ

ここでは、日本人が特に苦手だと思われる、17個の母音と子音の発音についてまとめました。発音記号を含めてしっかり覚えれば、辞書を引くときや単語の勉強をするときなどに必ず役に立ちますし、リスニングの上達にも役立ちますよ！

1 巻き舌の「アー」

ə:r

口を少し開いて舌をダラーンとさせたまま、舌の先を少し巻き上げて「アー」と伸ばします。

★ er, ir, ur とつづられることが多い。

例						
girl	[gə́:rl]	名 女の子	curtain	[kə́:rtn]	名 カーテン
bird	[bə́:rd]	名 鳥	pearl	[pə́:rl]	名 真珠

2 4つの「ア」

ɑ
アメリカ英語では、口を大きく開け日本語の「ア」のように発音します。

★ イギリス英語では[ɔ]と発音されます。

例	hot	[hɑ́t]	形 熱い	top	[tɑ́p]	名 頂上
	lock	[lɑ́k]	動 カギをかける	pond	[pɑ́nd]	名 池

æ
「エ」と「ア」の中間の音。「ア」の口をして「エ」と強く発音します。

★ aにアクセントが置かれる場合に、この発音になることが多い。

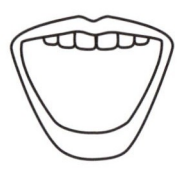

例	hat	[hǽt]	名 帽子	map	[mǽp]	名 地図
	cat	[kǽt]	名 ネコ	bad	[bǽd]	形 悪い

ʌ
「オ」と「ア」の中間の音。のどの奥から短く「ア」と発音しましょう。

★ u, o, ouにアクセントが置かれる場合に、この発音になることが多い。

例	hut	[hʌ́t]	名 小屋	money	[mʌ́ni]	名 お金
	double	[dʌ́bl]	形 2倍の	couple	[kʌ́pl]	名 一対

ə
「エ」というときの口で、弱く短く「ア」とぼかして発音しましょう。

★ アクセントが置かれないa, e, iなどが、この発音になることが多い。

例	Japan	[dʒəpǽn]	名 日本	holiday	[hɑ́lədèi]	名 休日
	open	[óupən]	動 開く	lemon	[lémən]	名 レモン

3 fとvとbは唇がポイント

f 上の歯で下唇を軽く押さえ、そのすき間から「フ」と強く息をはき出します。

★ f, ff, ph, gh とつづられることが多い。

例	film	[fílm]	名 フィルム	coffee	[kɔ́:fi]	名 コーヒー
	phone	[fóun]	名 電話	graph	[grǽf]	名 グラフ

v [f]と同じく上の歯で下唇を軽く押さえ、すき間から「ヴ」と強く息をはきます。

★ v とつづられることが多い。

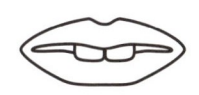

例	very	[véri]	副 とても	movie	[mú:vi]	名 映画
	voice	[vɔ́is]	名 声	view	[vjú:]	名 視界

b 歯で下唇を押さえず、両唇をはじく感じで日本語のバ行のように発音しましょう。

★ b, bb とつづられることが多い。

例	brother	[brʌ́ðər]	名 兄弟	job	[dʒáb]	名 仕事
	lobby	[lábi]	名 ロビー	beer	[bíər]	名 ビール

7 鼻にかかった「ング」

ŋ 舌の奥を上あごの奥につけて、鼻から「ング」を1つの音にする感じで発音します。

★ ng とつづられることが多い。

例	ring	[ríŋ]	名 指輪	strong	[strɔ́:ŋ]	形 強い
	ink	[íŋk]	名 インク	bungalow	[bʌ́ŋgəlòu]	名 バンガロー

5 みんなが悩む l と r

l
舌の先を上の歯ぐきの裏につけた状態で「ウ」のような音を出します。

★ 語頭や母音の前では強く、語尾や子音の前では弱くあいまいに発音する。

例						
	left	[léft]	形 左	**l**ittle	[lítl]	形 小さい
	p**l**ease	[plíːz]	副 どうぞ	**l**ight	[láit]	名 光

r
舌を口の中のどこにもつけずに、舌の先を上に丸め、「ウ」のような音を出します。

★ r や rr とつづられることが多い。

例						
	right	[ráit]	形 右	add**r**ess	[ədrés]	名 アドレス
	road	[róud]	名 道	b**r**ight	[bráit]	形 明るい

6 日本語にはない2つの th

θ
舌の先を上下の歯の間に軽くはさんで、そのすき間から息を出します。

★ th とつづられることが多い。

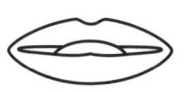

例						
	thank	[θǽŋk]	動 感謝する	mou**th**	[máuθ]	名 口
	thing	[θíŋ]	名 物	fif**th**	[fífθ]	形 5番目の

ð
同様に、舌の先を上下の歯の間に軽くはさみ、[θ] を濁らせた音を出します。

★ th とつづられることが多い。

例						
	this	[ðís]	代 これ・この	fa**th**er	[fáːðər]	名 父
	o**th**er	[ʌ́ðər]	形 別の	**th**ough	[ðóu]	接 ～だけれども

7 日本語よりも鋭く「シ」「ジ」

ʃ
唇を突き出し舌先を歯ぐきにつけずに、猫を追い払うときのように「シ」と発音。長く伸ばせる音です。

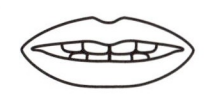

★shとつづられることが多い。

例	should	[ʃəd]	助 ～すべきだ	fish	[fíʃ]	名 魚
	shrimp	[ʃrímp]	名 エビ	cash	[kǽʃ]	名 現金

ʒ
[ʃ]と同じ口の形で「ジ」と濁らせた音。これも長く伸ばせる音です。

★sとつづられることが多い。

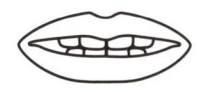

例	usually	[júːʒuəli]	副 いつもは	measure	[méʒər]	動 計る
	casual	[kǽʒuəl]	形 偶然の	concierge	[kànsiéərʒ]	名 コンシェルジュ

8 日本語よりも強く「チ」「ヂ」

tʃ
舌先を歯ぐきにつけて強く「チ」と発音します。長く伸ばせない音です。

★ch、tchとつづられることが多い。

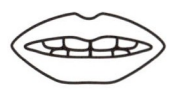

例	chance	[tʃǽns]	名 チャンス	watch	[wátʃ]	名 時計
	cherry	[tʃéri]	名 サクランボ	catch	[kǽtʃ]	動 捕まえる

dʒ
舌先を歯ぐきにつけて強く「ヂ」と発音します。長く伸ばせない音です。

★j、g、dgeとつづられることが多い。

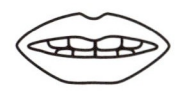

例	jacket	[dʒǽkit]	名 ジャケット	energy	[énərdʒi]	名 エネルギー
	June	[dʒúːn]	名 6月	gentleman	[dʒéntlmən]	名 紳士

ポイントを復習しましょう！

英語の耳公式まとめ

レッスン1～10の講義内容を、ポイント別にまとめてみました。もう一度自分の知識をチェックして、忘れたものは各レッスンに戻って、おさらいしておきましょう。

レッスン1 …… pp.16-23

- ☐ **公式1** 英語の発音はカタカナにはならない！ 日本語と英語の音声システムは別物！
- ☐ **公式2** 照れない！ ネイティブスピーカーになりきって、聞こえたままに発音しよう！

レッスン2 …… pp.24-31

- ☐ **公式3** 発音も詰まって聞きにくくなる短縮形。文中で確認しながら少しずつ覚えていこう。
    - ◆主語＋be動詞…I am = I'm [áim], We are = We're [wíər] など
    - ◆be動詞＋not…is not = isn't [íznt], are not = aren't [ɑ́ːrnt] など
    - ◆助動詞＋not…do not = don't [dóunt], had not = hadn't [hǽdnt], can not = can't [kǽnt] など
    - ◆主語＋助動詞…I have = I've [áiv], It has = It's [its], She had = She'd [ʃiːd] など

レッスン3 …… pp.32-39

- ☐ **公式4** 英語の母音の中でも日本語と最も異なる「ア」や「アー」は、発音記号を使って区別！
    [æ], [ʌ], [ɑ], [ə], [əːr], [ɑːr] ☞pp.185～189にも詳細な説明があるのでチェック！

レッスン4 …… pp.40-47

- ☐ **公式5** 英語の子音の中には、日本語とかけはなれたものがある！
    [θ], [ð], [ʃ], [v], [f], [ŋ] ☞pp.185～189にも詳細な説明があります！
- ☐ **公式6** 子音の発音は多くの場合単語のつづりと連動している。音読するときに意識しよう！

レッスン5 ……pp.48-55

- □ **公式7** 日本語と違い、3桁ごとに打つカンマで繰り上がる英語の桁。
1つ目がthousand、2つ目がmillion、3つ目がbillion。
- □ **公式8** 小数点＝point。例えば、7.8は"seven point eight"。
- □ **公式9** 年代は前の2桁と後ろの2桁に分けて読む。
例えば1985年は"nineteen eighty-five"、
2005年のような年代は"two thousand five"と読む。
- □ **公式10** 普段の生活でできる、英語数字トレーニング。
時刻や電話番号、郵便番号などを英語で言ってみよう！

レッスン6 ……pp.58-65

- □ **公式11** 語尾の子音 ＋ 母音 → つながって聞こえる
例：pick it up ／ check it out

レッスン7 ……pp.66-73

- □ **公式12** 大切でなく、分かり切っている部分は弱く読まれる。
例：It's surprising to see you here.→速く話されるほど、It's やtoなどの特に意味を持たない部分は弱く発音される。

レッスン8 ……pp.74-81

- □ **公式13** 口語表現の短縮形はとてもポピュラー。
中でも代表的なのはgonna（going to）とwanna（want to）

レッスン9 ……pp.82-89

- □ **公式14** 単語と単語がつながるだけでなく、音が変化する。
例：Get out［ゲッラウト］／have to［ハフタ］ など

レッスン10 ……pp.90-97

- □ **公式15** 英語の強弱の波に乗ろう。内容を意識しつつ、日本語の感覚を捨て、英語の感覚に身を任せて全身を使って音読！

●著者
安河内哲也 Tetsuya Yasukochi

　1967年生まれ。四谷大塚NET・東進ビジネススクール・東進ハイスクール講師、言語文化舎代表。帰国子女でも留学経験者でもないが、TOEIC TESTにおいて、リスニング、リーディング、スピーキング、ライティングすべての分野での満点取得をはじめ、国連英検特A級、英検1級、通訳案内士など10以上の英語資格を取得。独自のメソッドを詰め込んだ熱い講義は、多くの人々から絶賛される。著書は、『ゼロからスタート　英文法』『ゼロからスタート　リスニング』『安河内哲也の英語学習スタートブック』（以上、Jリサーチ出版）ほか、70冊以上に及ぶ。

ホームページ：http://www.yasukochi.jp

カバーデザイン	滝デザイン事務所
本文デザイン／DTP	江口うり子（アレピエ1）
カバー／本文イラスト	田中 斉
編集協力	佐藤淳子
英文校正	Brian Maitland
CDナレーション	工藤えみ
	Jack Merluzzi

ゼロからスタート　リスニング

平成18年（2006年）4月10日初版第1刷発行
平成22年（2010年）3月10日　　第6刷発行

著　者	安河内哲也	
発行人	福田 富与	
発行所	有限会社　Jリサーチ出版	
	〒166-0002 東京都杉並区高円寺北2-29-14-705	
	電話03(6808)8801(代)　FAX 03(5364)5310(代)	
	編集部03(6808)8806	
	http://www.jresearch.co.jp	
印刷所	株式会社　シナノパブリッシングプレス	

ISBN978-4-901429-30-6　禁無断転載。なお、乱丁・落丁はお取り替えいたします。